인천
고등법원
이야기

한 변호사의 꿈과
도시의 기다림

인천
고등법원
이야기

조용주 지음

안다북스

들어가며

길은 언제나 사람을 이끈다. 발걸음이 닿는 곳마다 이야기가 피어나고, 그 이야기가 쌓여 역사가 된다. 지난 6년간 내가 걸어온 길은 인천고등법원을 향한 발걸음이었다. 돌길 같던 순간도, 바람 앞에 멈춰 선 순간도 있었으나, 결국 하나의 길이 열렸고, 그 길 위에 새로운 희망이 놓였다.

나는 인천에서 태어나지는 않았지만, 일곱 살부터 인천의 품 안에서 자라며 이 도시의 숨결을 가까이에서 느껴왔다. 서해가 열어주는 자유로움, 오래된 항구가 품어내는 역동성, 수많은 이들이 남기고 간 발자취 속에서 인천은 언제나 '시작의 도시'였다. 동시에 나는 인천이 겪어온 소외와 불균형의 그림자를 보았다. 대한민국 제2의 도시라 일컬어지면서도 정작 제 위치를 찾지 못한 현실은 늘 마음속 응어리로 남았다. 이 간극을 메우고 싶었다. 인천의 품격과 위상에 걸맞은 제도를 세우고 싶었다. 특히 법률 분야에서 일하는 나에게는 더욱 그랬다. 그래서 인천고등법원 설립을 결심하게 되었다.

법원은 단순히 재판만 하는 공간이 아니다. 그것은 정의가 시민에게 닿는 다리이자 도시의 품격을 가늠하는 상징이다. 하지만 서울에만 집중된 고등법원 체계 속에서 인천 시민들은 항소심 재판을 받기 위해 먼 길을 떠나야만 했다. 이는 불필요한 시간과 비용의 문제를 넘어, 헌법이 보장하는 '신속한 재판을 받을 권리'의 실질적 침해였다. 변호사로서, 그리고 인천의 아들로서 이 문제를 외면할 수 없었다. 그래서 인천고등법원 설립에 내 한 몸을 던지겠다고 다짐했다.

그 후 6년 동안 인천고등법원 유치를 위한 길을 걸었다. 수많은 국회 세미나에 참가하여 인천고등법원의 필요성을 이야기했고, 언론을 통해 목소리를 냈으며, 국회의원과 인천시 담당자, 법원행정처 판사들을 설득하기 위해 부단히 움직였다. 시민들과 뜻을 모으고, 학문적 논리를 다듬어 공론의 장에 내놓았다. 그 과정은 마치 가도 가도 끝이 없는 순례길과도 같았다. 뚜렷한 종착지를 향해 가지만, 그 길은 곧 내 안의 성찰과 변화의 길이었다.

2024년 11월 28일 인천고등법원 설립법안이 국회 본회의를 마침내 통과했다. 2028년이면 인천에도 고등법원이 들어선다. 하지만 인천고등법원이 세워진다는 것은 단순한 제도의 확충이 아니다. 인천 시민들이 마땅히 누려야 할 권리를 되찾는 것이며, 제2의 도시로서의 품격을 세우는 일이다. 무엇보다도 오랫동안 인천을 사랑하며 함께 걸어온 시민들의 열망이 이루어낸 결실이다. 인천 시민들이 인천고등법원 유치를 위하여 110만 장의 서명을 해준 것을 잊을 수 없다.

그러나 길은 여기서 멈추지 않는다. 인천고등법원은 하나의 종착지가 아니라 새로운 출발점이다. 세계는 이미 국경을 넘어 분쟁을 해결하는 제도를 요구하고 있다. 유럽에는 국제분쟁을 다루는 법원이 있으나, 아시아에는 아직 그와 같은 제도가 없다. 나는 한국이, 그리고 인천이 그 길을 열어야 한다고 믿는다. 인천은 바다를 품은 도시이자 공항을 통해 세계로 열려 있는 관문이자 동북아의 중심이다. 이곳에 국제분쟁법원이 세워진다면 한국은 아시아의 법률 허브로 자리매김할 수 있고, 인천은 다시금 새로운 시대의 첫 장을 열게 될 것이다.

이 비전은 내가 운영하는 '순례길 학교'의 정신과도 맞닿아 있다. 순례길 학교는 단순히 길을 걷는 모임이 아니다. 순례길 학교는 새로운 길을 열고, 그 길에서 의미를 찾으며, 사람과 사람, 역사와 오늘, 도시와 세계를 잇는 공동체다. 걷는다는 것은 단순한 이동이 아니라, 자신의 존재를 확인하고, 공동체의 의미를 되새기며, 미래를 향한 길을 함께 여는 숭고한 행위다. 인천고등법원 유치 운동이 제도적 정의를 향한 걸음이었다면, 순례길 학교는 인간과 공동체의 가치를 찾아가는 여정이다. 두 길은 서로 다르면서도 닮았다. 모두가 새로운 길을 열고, 그 길 위에서 사람들을 만나며 역사를 만들어 간다.

이 책은 지난 6년의 기록을 담고 있다. 인천고등법원 유치 활동을 이어가며 나는 꾸준히 블로그에 그 과정을 남겼다. 언젠가 인천고등법원이 세워지면 그 기록을 정리하겠다는 마음에서였다. 인천고등법원 유치를 위해 땀 흘린 순간들, 함께 외쳤던 시민들의 목소리, 때로는 좌절했으나 다시 일어섰던 기억들이 여기에 있다. 그러나 이 책은 단순한 회고록이 아니다. 앞으로 나아가야 할 길을 비추는 등불이며, 인천이 품어야 할 미래를 함께 그려보자는 초대장이다.

나는 바란다. 이 책이 인천을 사랑하는 시민들에게는 자부심이 되고, 법조인들에게는 정의와 균형 발전의 사명을 일깨우는 거울이 되기를. 더 넓게는 우리 사회 전체가 서울 중심의 불균형을 넘어 진정한 분권과 균형 발전을 향해 나아가는 증언이 되기를.

길은 혼자 걸을 때는 고독하지만, 함께 걸을 때는 희망이 된다. 지난 6년간 내가 걸어온 길은 인천고등법원이라는 결실로 이어졌다. 이제 나는 다시 걷는다. 순례길 학교라는 공동체와 함께, 인천을 국제도시이자 포용도시이며 가장 살기 좋은 도시로 만들겠다는 더 큰 길을 향해. 인천을 사랑하는 마음으로, 정의를 믿는 마음으로, 새로운 길을 열어가려는 순례자의 마음으로.

이 책은 그 길의 시작과 과정, 그리고 앞으로의 도전을 담은 기록이다. 독자 여러분도 이 길 위에 함께 서 주시기를 바란다. 우리의 걸음이 모여 인천을 빛내고, 한국을 아시아의 법률 허브로 세우며, 더 나아가 세계를 향해 정의의 길을 열어가기를 소망한다.

목차

인천을 사랑하는
변호사

1

나는 인천의 덕을 본 사람이다.
인천에서 태어나지는 않았지만,
인천이 내 삶을 품어주었다.
그렇기에 나는 인천에,
무엇으로든 감사의 마음을 돌려주고 싶었다.

인천에 고등법원이 없다고?

"인천에 고등법원이 없다고?"

2023년 5월경이었을 것이다. 오랜만에 만난 친구 K가 되물었다. 믿기지 않는다는 표정이었다. 하지만 그는 이제껏 고등법원에 대해 생각해본 적이 없었다. 그도 그럴 것이 그는 변호사인 나를 친구로 둔 것 빼고는 '재판'과는 전혀 상관없는 무난한 삶을 살고 있었기 때문이다. 그런데도 "정말 인천에 고등법원이 없어?"라고 되묻게 된 건, 바로 직전에 내가 "지난 몇 년 인천에 고등법원을 유치하려는 일로 좀 바빴어"라는 말을 했기 때문이다. 이 말은 곧 '인천에는 고등법원이 없다'는 뜻이기도 했다.

"그래, 없어. 인천 인구가 300만 명이 넘는데도 이제껏 고등법원이 없었다는 게 이상하지?"

"어. 이상하네. 난 당연히 있는 줄 알았지. 아니, 인천뿐 아니라 웬만한 도시에는 다 있어야 하는 거 아닌가? 내가 법에 대해선 잘 모르지만 우리나라는 3심제라는 것 정도는 알고 있어. 대법원까진 아니어도 웬만한 지역에 고등법원은 다 있어야 하는 거 아닌가?"

한국의 재판 구조는 3심제로 운영한다. 1심은 지방·행정·가정법원에서 사건을 처음 심리하고 판결한다. 2심은 1심 판결에 대한 항소심으로 고등법원에서 담당한다. 3심은 법 적용이 옳았는지 판단하는 법률심으로 대법원에서 맡는다. 따라서 누군가가 1심 판결에 승복하지 못하면 2심, 3심까지 갈 수 있다. 그런데 문제는 2심을 맡는 고등법원이 전국에 단 여섯 곳에만 있다는 것이다. 서울, 대전, 대구, 부산, 광주, 수원이다. 그 외 지방 도시나 시골에 사는 사람들은 가까운 도시의 고등법원에서 재판을 받게 된다. 사실상 이는 '법의 평등성'을 침해하는 일이기도 하다. 인천에 사는 D 씨를 예로 들어보자.

D 씨는 아파트 리모델링 공사 과정에서 시공업체와 분쟁이 생겼다. 업체는 계약금만 받고 공사를 지연시키고, 설계도와 다른 자재를 사용했다. 이에 D 씨는 계약 해지와 손해배상 청구를 위해 인천지방법원에 소송을 제기했다.

1심에서 인천지방법원은 D 씨의 손을 들어주었다. 계약 위반이 명백하다는 이유에서였다. 그러나 시공업체는 판결에 불복하고 항소했다. 문제는 그다음이다. 인천에는 고등법원이 없다. D 씨는 항소심 재판을 위해 서울고등법원까지 이동해야 했다. 평일 근무를 조정해가며 여러 차례 서울까지 왕복해야 했고, 변호사 비용 외에도 교통비, 식비, 시간 소모까지 부담이 컸다. 게다가 시공업체가 항소심 결과에도 불복해 대법원에 상고했다. D 씨는 결국 세 차례에 걸쳐 재판을 받는 동안 인천과 서울을 오가야 했고, 법정에 서는 스트레스와 재정적 부담은 눈덩이처럼 불어났다.

D 씨의 사례는 법 접근성의 불균형을 보여준다. 이는 헌법이 보장한 법 앞의 평등 원칙과도 맞지 않는다. 그런데 법의 평등성에서 소외된 사람은 전국적으로 약 3,200만 명으로 전체 인구의 62.5%에 달한다. 인천 사람도 이에 속한다.

 모든 이가 법 접근성의 평등성을 보장받아야 하는데도 불구하고 모든 지역에 고등법원을 설립하지 않는 이유는 항소심까지 가는 사건이 전체 사건 중 일부에 불과하기 때문이다. 소송을 제기하더라도 많은 사건이 1심에서 종결된다. 그렇기에 연간 수십에서 수백억 원의 예산이 소요되는 고등법원을 전국 곳곳에 두는 건 사법 인프라의 낭비라고도 할 수 있다. 현재 고등법원을 권역별 중심도시에 하나씩 두는 이유이기도 하다. 이런 이유에서라면, 인천에는 진작에 고등법원이 있어야 했다. 인천은 우리나라 6대 주요 도시 중 하나로 부산, 대구, 광주, 대전과 같은 광역시인 데다 인구수로 따져 봐도 서울, 부산 다음으로 많기 때문이다(표 1 참조).

 "작은 도시도 아니고, 인구가 적은 것도 아니고. 이제껏 인천에 고등법원이 없었다는 건 생각할수록 놀랍네. 그건 알겠는데……, 넌 왜 인천고등법원에 관심을 두게 된 거야? 네 일만으로도 바쁘잖아, 무엇보다 결코 쉬운 일이 아니잖아."

 맞다. 이는 수원고등법원의 사례만 봐도 알 수 있다. 수원고등법원은 2019년 3월 1일에 개원했지만, 국회에 고등법원 설치법안이 처음 발의되었던 건 2007년이다. 하지만 회기 종료로 폐기되었고, 이후로 18대, 19대 국회에서도 폐기되는 상황이 반복되었다. 그래도 포기하지 않고, 수원시와 경기중앙변호사회 등의 단체들의 끈질긴 노력으로 결국 수원고등법원이 설치된 것이다. 이처럼 오랜 시간이 걸릴 수도 있으며, 상당한 노력이 필요한 일이다.

"혹시 너 정치하려는 거야?"

나는 피식 웃었다. 인천고등법원 설립 활동을 시작한 뒤 자주 듣는 말이었다.

정치?

정치의 길로 들어선다는 건 지금까지와는 전혀 다른 새로운 세상을 향해 방향을 트는 일이다. 그런데 굳이 방향을 틀고 싶지 않다. 내 직업과 내 삶에 만족한다. 무엇보다 개인의 행복을 중요시하는 사람이기에 위험성을 감수하면서까지 정치인이 되고 싶은 생각은 손톱만큼도 없다.

이렇게 대답해도 사람들은 여전히 궁금해했다.

"알겠는데, 그래도 왜?"

도시명	인구 (2025년 상반기 기준)	고등법원 설치 여부	비고
서울특별시	약 9,328,042명	○ (서울고등법원)	수도, 대법원 소재
부산광역시	약 3,254,457명	○ (부산고등법원)	영남권 중심
인천광역시	약 3,037,049명	✖	서울고등법원 이용
대구광역시	약 2,357,997명	○ (대구고등법원)	경북 포함 관할
대전광역시	약 1,439,607명	○ (대전고등법원)	충청권 중심
광주광역시	약 1,399,880명	○ (광주고등법원)	전남·전북·제주 관할
수원시	약 1,190,227명	○ (수원고등법원)	경기도 남부 지역 관할

<표 1> 주요 6대 도시 인구와 고등법원 설치 여부

담양에서 인천으로

"그래도 왜?"

K의 질문에 나는 이렇게 답했다.

"내가 인천 출신이잖아."

단지 그 한마디로 K는 고개를 끄덕였다. 우리 사회에서는 누군가가 자기 고향이나 출신 지역에 애정을 보이는 것이 낯선 일이 아니었으니, 별다른 의문 없이 넘어간 것이다. 그러나 사실 나는 단순히 '내가 살았던 곳'이라는 이유만으로 인천을 아끼는 것은 아니다. 더 정확히 말하면, 내가 태어난 곳은 인천도 아니었다.

1972년, 나는 전남 담양에서 태어났다. 그것도 4남 5녀의 막내로. 그러니까 이 세상에 태어났더니 벌써 위로 세 형과 다섯 누이가 줄줄이 있었던 셈이다. 1970년대 초반만 해도 농촌이나 중소도시에서는 형제자매가 여럿인 집이 드물지 않았다. 그러나 정부가 '둘만 낳아 잘 기르자'라는 산아제한 정책을 전국적으로 펼치기 시작한 시기였으니, 아홉 남매는 그 시대 기준으로도 꽤 많은 편이었다. 부모님의 어깨도 무거울 수밖에 없었을 것이다.

부모님은 농사일에 매달려 아홉 남매의 끼니를 책임지셨다. 농한기에는 대나무 바구니를 직접 엮어 팔거나, 장터에서 들여온 바구니를 도시에 내다 팔기도 했다. 이 일은 사실 할머니 대에서부터 시작된 것이었다. 할아버지가 일찍 세상을 떠난 뒤, 할머니는 어린 자식들을 먹여 살리기 위해 바구니 장사를 시작했다. 아버지는 그런 할머니 곁에서 전국 장터를 따라 다니며 바구니를 팔았다.

담양산 대나무 바구니는 당시 꽤 경쟁력 있는 상품이었다. 담양은 예로부터 대나무의 고장으로, 조선 시대에는 왕실과 양반가에서 쓰던 죽부인, 담뱃대, 각종 죽세공품을 생산하던 중심지였다. 죽공예 장인이 많아 품질도 뛰어났기에 전국 어디서든 수요가 있었다. 그런 와중에 아버지의 눈에 들어온 도시가 있었는데, 바로 인천이었다.

그 시절 인천은 대한민국 산업화의 전초기지였다. 특히 동구는 1883년 인천항 개항 이후 부두를 중심으로 시가지가 빠르게 형성되며 급격히 발전했다. 일제강점기부터 본격화된 산업화가 시작되면서 동일방직, 대한제분, 제일제당 같은 굴지의 공장이 들어섰고, 부두 노동자와 공장 노동자, 운반업 종사자들이 몰려들었다. 송림동, 화수동, 화평동 등 인근 지역은 대표적인 노동자 밀집지로 자리 잡았다.

이처럼 인구가 많고 활력이 넘치는 도시였기에 생활에 꼭 필요한 대나무 바구니를 팔기에도 인천만큼 좋은 시장은 없었다. 아버지는 실제로 인천에서 많은 바구니를 팔았고, 자연스레 이곳에 자주 드나들며 머무는 시간도 길어졌다. 여인숙과 여관을 전전하던 아버지는 마침내 집을 장만하기로 했다.

처음 자리 잡은 곳은 '괭이 마을'로 불리던 만석동이었다. 그곳에 전셋집을 마련한 뒤로는 큰형을 시작으로 다른 형제들까지 차례로 인천에 올라왔다. 그러던 중 1978년, 큰형이 결혼하자 아버지는 화수동 273번지에 집을 사 주셨다. 이곳은 과거 일본인이 간척한 땅으로, 대성목재, 인천제철, 동일방직 등 동구의 여러 공장에서 일하던 노동자들이 모여 살던 지역이기도 했다.

화수동의 집은 제법 넓어 방이 세 칸이나 있었다. 그러나 그 집에는 큰형 부부만 살지 않았다. 우리 형제들은 물론 사촌들까지 함께 지냈다. 방하나는 큰형 부부가 쓰고, 다른 방은 여자 형제들이, 나머지 한 칸은 남자형제들이 나눠 쓰는 식이었다. 함께 모여 살던 이들 대부분은 주변 공장에 다니거나, 노동자를 상대로 작은 장사를 하며 생계를 이어갔다.

그러던 어느 날 아버지가 나를 불렀다.

"너도 인천 가서 공부해라."

그때 나는 겨우 일곱 살이었다. 그런데도 그 말을 뚜렷이 기억한다. 마치 낯선 세상으로 툭 내던져지는 듯한 기분이었기 때문이다. 형과 누나들이 인천에 있다 해도 그들은 내 부모가 아니었다. 어머니처럼 나를 보살펴 줄 수 있는 존재가 아니었다. 그렇다고 해서 마음이 온통 두려움뿐이었던 것은 아니었다. 담양보다 훨씬 크고 번화한 도시, 인천이라는 이름이 내게는 두려움과 동시에 묘한 호기심을 불러일으켰다. 무엇보다 내가 선택할 수 있는 일도 아니었다.

일곱 살의 끝자락, 나는 결국 아버지를 따라 인천으로 향했다.

여덟 살짜리 인천 유학생

지금 돌이켜보면, 그때 나는 여덟 살짜리 '인천 유학생'이었다. 학업을 위해 어린 아들을 도시로 보내는 일은 당시에도 드물지 않았다. 교육은 집안의 미래를 바꾸는 거의 유일한 열쇠였고, 부모들은 그 열쇠를 얻기 위해 자식들을 서슴없이 낯선 곳으로 내보냈다. 더구나 인천에는 형과 누나들이 있었으니, 막내쯤은 맡기면 알아서 챙겨줄 것이라는 계산도 있었을 것이다.

하지만 현실은 달랐다. 형과 누나들은 학교에 가거나 장사하러 나가서 바빴다. 낮에는 혼자 지내는 시간이 많았고, 저녁이 되어 형제들이 돌아와도 사정은 크게 다르지 않았다. 집에 돌아오자마자 지쳐서 곯아떨어지기 일쑤였으니 한 지붕 아래 있었지만 각자 따로 사는 것이나 마찬가지였다. 덕분에 누군가에게 글을 배울 기회도 없었다. 당시 웬만한 아이들은 초등학교에 들어가기 전 이미 '가나다'를 떼고 갔지만 나는 글자 하나 모른 채 입학식을 맞이했다.

그런데 글자를 모르는 것보다 먼저 드러난 건, 세상살이에 필요한 가장 기본적인 예절을 배우지 못한 사실이었다. 입학식 다음 날 담임 선생님이 출석을 부르셨다.

"조용주."

나는 기다렸다는 듯 씩씩하게 대답했다.

"응!"

순간 교실 안에 얕은 웃음이 번졌다. 선생님은 잠시 미소를 머금으시더니, 부드럽지만 단호한 목소리로 말씀하셨다.

"'네'라고 해야지."

그날 나는 글자보다 먼저 '사회에는 정해진 말과 태도가 있다'는 걸 배웠다. 모르는 것은 하나씩 배워가면 되었다. 어린아이의 시선으로 본 세상은 단순했고, 대체로 평온했다. 혼자 있는 시간이 많은 만큼 책을 읽을 시간도 많았고, 책을 읽지 않을 땐 배다리에 가서 놀곤 했다.

인천에서 지낸 지 어느덧 5년, 초등학교 5학년 무렵이었다. 그때 담양에 계신 어머니로부터 무거운 소식 하나가 전해졌다. 아버지가 침을 맞으신 뒤 허리가 아프다며 눕게 되셨다는 것이다. 병원 진단 결과, 척수암이었다. 이후 아버지는 병세가 점점 깊어져 결국 전남대 병원에 입원하게 되셨다.

나는 소식으로만 아버지의 상태를 들었을 뿐, 실제로 어떤 모습이신지는 알지 못했다. 그러다 겨울 방학이 되어 고향에 내려갔고, 병원에 계신 아버지를 찾아뵈었다. 그 자리에서 나는 그저 아버지의 팔과 다리를 주물렀다. 어린 마음에는 곧 회복해 집으로 돌아오실 거라 믿어 의심치 않았다. 그러나 다음 해 6월, 아버지는 끝내 세상을 떠나셨다.

당시 초등학교 6학년이던 나는 아버지의 임종을 지키지 못했다. 어린 나이였지만 아버지의 부재가 무엇을 의미하는지는 어렴풋이 알았다. 그러나 형제들은 어린 나까지 시골로 데려가는 것이 부담스러웠는지 장례식에도 나를 데려가지 않았다. 나는 홀로 인천에 남아 먹먹함과 알 수 없는 두려움 속에서 자꾸만 무서운 상상에 사로잡히곤 했다.

세월이 흐른 지금도 그 사실은 마음에 깊은 흔적을 남긴다. 마지막 순간을 함께하지 못했더라도, 떠나는 길에 작별 인사라도 드릴 기회가 있었다면 얼마나 좋았을까. 그 작은 인사 한마디조차 남기지 못했다는 아쉬움은 내 안에 오래도록 지워지지 않는 빈자리로 남아 있다.

그러나 내게는 아버지가 남기신 유언 같은 말씀이 있다.

"공부 열심히 해라."

병문안을 갔을 때, 아버지는 힘겹게 그 말을 내게 당부하셨다. 아마도 당신이 떠난 뒤, 막내가 이 집 저 집을 전전하며 살아야 할 것을 걱정하셨던 듯하다. 아버지 자신도 어린 시절 그렇게 살아왔기에 그 삶이 얼마나 고단한지 누구보다 잘 알고 계셨을 것이다. 그래서 내게 남긴 결론은 '공부'였다. 공부만이 흔들리지 않는 삶으로 나아갈 수 있는 유일한 길이라고 믿으셨을 것이다. 공부를 잘하면 좋은 대학에 갈 수 있고, 좋은 직장을 얻을 수 있으며, 그러면 조금은 덜 흔들리고 더 단단한 삶을 살 수 있을 거라고.

공부 외엔 할 것이 없었던 아이

1980년대만 해도 인천에서 공부를 잘하는 아이들은 해마다 수백 명씩 서울로 전학을 갔다. 부모들은 더 나은 교육환경을 자녀에게 제공하고 싶어 했고, 그것이 곧 자녀의 미래를 위한 최선이라 여겼다. 나는 그 흐름에서 비켜나 있었다.

글자조차 제대로 모르는 채 초등학교에 들어갔지만, 얼마 지나지 않아 반에서 1등을 차지할 만큼 성적이 올랐다. 그러나 나를 서울로 전학시켜 줄 부모는 곁에 없었다. 이미 시골에서 인천으로 올라와 유학생처럼 지내고 있었고, 아버지가 돌아가신 뒤 어머니는 여전히 시골집에 머물렀다. 치매에 걸린 할머니를 보살펴야 했기 때문이다. 할머니는 사랑하는 아들을 먼저 떠나보낸 뒤, 그 깊은 상처를 이겨내지 못하고 점차 삶의 감각과 일상의 질서를 잃어가셨다. 그리고 남겨진 우리 남매는 저마다의 방식으로 그 빈자리를 감당해야 했다.

아버지의 부재는 내 삶에도 큰 영향을 미쳤다. 그럴 수밖에 없었다. 이제 막 소년티를 벗고 청소년기에 들어선 남자아이였던 내게 아버지가 없다는 건 나를 보호해 줄 세상 하나가 사라진 것을 의미했다. 그렇다는 걸 둘째 형 집에서 살기 시작하면서 깨달았다.

중학교 입학을 앞두고 나는 둘째 형 집으로 거처를 옮겼다. 내가 다니기로 한 중학교와 가까웠기 때문이다. 하지만 그것은 곧 눈칫밥의 시작이었다. 큰형 집에서도 사실상 얹혀사는 신세였지만, 워낙 형제들이 많다 보니 '군식구'라는 생각을 한 적이 없었다. 그러나 갓 결혼한 둘째 형과 형수만 사는 신혼집에 들어가니 나도 모르게 자꾸만 눈치를 보게 되었다. 누가 특별히 나쁘게 군 것도 아니었다. 다만 서로의 처지가 달랐다. 나에게는 보호자가 필요했지만, 그들에겐 어린 동생이 아닌 귀찮은 짐이자 낯선 동거인이었을 것이다. 사춘기의 문턱에 선 열네 살 소년에게는 이해할 수도, 풀어낼 수도 없는 갈등이 매일같이 쌓여갔다.

하루하루가 서글프고 외로웠다. 밥을 먹는 것조차 눈치가 보였고, 학교에 가져가는 도시락 하나 받아가는 것도 미안했다. 마음을 터놓고 대화를 나눌 가족이나 친구도 없었다. 그저 내가 할 수 있는 건 공부밖에 없었다. 중학교 입학 후 제법 좋은 성적을 낼 수 있었던 것도 이 때문이었을 것이다. 적당히 공부를 잘하는 아이, 당시 내 모습이었다. 그런데 '적당히 잘하는 것'만으로는 만족할 수 없게 되었다.

"서울에선 학생들이 선행학습을 하는데, 너도 해야 하지 않겠냐?"

서울에서 출퇴근하는 도덕 선생님이 물었다. 그는 지나가는 말로 툭 던진 것일 수도 있었지만, 내겐 상당한 충격이었다.

선행학습? 서울 아이들은 그런 것도 한다고?

그 말을 듣기 전만 해도 나는 세상 돌아가는 법을 하나도 알지 못했다.

그런데 서울 아이들은 더 좋은 성적을 받고자 치열하게 경쟁 중이었다. '그래서 싫다'가 아니라 '그러면 나도'라는 생각이 들었다. 더 정확하게는 지기 싫다는 마음이 생겼다. 그 길로 헌책방에 가 2학년 교재를 샀다. 아직 배우지도 않은 수학과 영어를 혼자서 보기 시작했다. 한번 목표를 정하면 곧바로 계획을 세우고, 그 계획을 반드시 실행에 옮겼다. 예를 들어 '연습장을 사흘 안에 다 쓰겠다'고 마음먹으면 실제로 그렇게 해냈다. 그렇게 두 달을 공부했더니 성적이 급상승하기 시작했다. 그때부터 고등학교를 졸업하기까지 나는 학교에서 제일 공부를 잘하는 학생이 되었다.

인천, 내게 길을 내어 준 도시

전교 1등을 놓치지 않고, 인천에서 주관하는 각종 경시대회에서도 두각을 드러내자, 생각지도 못한 선물이 내게 주어졌다. 바로 장학금이었다. 그 시절 장학금 제도는 지금처럼 촘촘하지 않았다. 아무리 집안 형편이 어려워도 장학금을 받는 일은 하늘의 별 따기였기에 애초에 기대조차 하지 않았다. 그래서 더 뜻밖이었고, 마치 하늘이 내게 내려준 선물처럼 느껴졌다. 덕분에 학비를 대신 내주던 형제들에 대한 미안함과 부담을 조금이나마 덜 수 있었다.

그렇게 중학교 3년을 보내고 동산고등학교에 진학했다. 입학하자마자 1학년 1학기 중간고사에서 1등을 차지했으니, 선생님들의 눈에 금세 띄었다. 그들은 시골에서 올라와 홀로 공부에 매달리는 내 모습을 대견하게 여기셨고, 각자의 방식으로 도움의 손길을 내밀어 주셨다. 조동일 선생님은 내 옷차

림이 너무 남루해 보였는지 직접 주안까지 데려가 독립문 잠바를 사주셨다. 최기형 선생님은 자율학습비를 대신 내주시기도 했다. 점심시간에 차갑게 식은 도시락을 혼자 먹는 걸 보시곤 따로 돈을 쥐여주시던 선생님도 계셨다. 또, 출판사 영업사원이 가져온 참고서 샘플이 생기면 어김없이 내 몫이 되었다.

이런 도움은 단순히 물질적인 차원을 넘어 내게는 전혀 새로운 세계였다. 어른의 보호가 사라진 자리에서 홀로 버텨야 했던 나에게, 든든히 의지할 어른이 생긴 듯했다.

인천은 학비뿐 아니라 생활비까지 내주었다. 장학금 덕에 학비 문제는 해결되었지만, 생활비는 여전히 발목을 잡았다. 형제들에게 손을 벌리는 것도 한두 번이지, 무언가 필요할 때마다 말을 꺼내는 일이 점점 눈치가 보였다. 그러나 인천시에서 지원해준 생활비 덕분에 더는 그런 걱정 없이 공부에만 집중할 수 있었다.

돌이켜보면, 만약 그 장학금과 생활비가 없었다면 나는 아마 학업을 중도에 포기했을 것이다. 선생님들의 온정이 없었다면 매 걸음 한층 더 버거웠을 것이다. 외롭고 힘들던 시절, 인천은 내게 온정을 베풀었다. 그리고 그 온정에 힘입어 서울법대에 갈 수 있었고, 새로운 꿈을 꾸게 되었다. 인천이 단지 내가 학창 시절을 보내었던 도시에 불과할 수 없는 이유이기도 하다.

이제 내가 보답할 차례다. 비록 내가 가진 힘은 크지 않지만 내가 할 수 있는 일이라면 주저 없이 보태고 싶었다. 그런 것 중 하나가 '인천고등법원 설립'이었다.

인천법원이 아쉬웠던 이유

우리나라 헌법 제27조 제3항은 '모든 국민은 신속한 재판을 받을 권리가 있다'라고 규정하며, 국민의 사법 서비스권을 보장하고 있다. 즉, 누구나 시간적, 지리적, 경제적 제약 없이 정당한 재판을 받을 수 있어야 한다는 것이다. 이를 위해선 일단 법원이 가까이 있어야 한다. 신속한 재판을 받을 권리는 헌법에 보장되어 있지만, 정작 법원이 너무 멀리 있다면 그 권리는 실질적으로 누리기 어렵다. 예를 들어, 재판을 받기 위해 몇 시간씩 이동해야 하고, 그에 따른 교통비와 시간적 부담이 크다면, 사람들은 법에서 멀어질 수밖에 없다. 그러니까 '신속한 재판을 받을 권리'는 법원이 생활권 안에 있어야 비로소 실현될 수 있는 권리다. 그렇기에 우리나라에는 전국 각지에 법원이 설치되어 있으며, 각 법원은 해당 관할구역 내에서 사법 서비스를 제공하고 있다.

인천법원이 독립적인 지방 법원으로 운영되기 시작한 것은 1983년 9월 1일이다. 그 이전엔 수원지방법원 인천지원(1979년

9월 1일부터)이었고, 더 이전엔 서울중앙지방법원 인천지원(1948년부터)이었다. 인천 인구가 점차 늘어난 데다 도시 발전에 따른 사법 서비스의 수요 증가에 따른 결과다.

과거 인천지방법원은 주안동에 있었다. 이곳은 인천의 교통과 생활권 중심에 가까운 지역으로, 시내 여러 곳으로의 접근성이 뛰어난 편이었다. 그러나 1호선 주안역에서 도보로 이동하기에는 조금 멀어서 아쉬움이 있는 곳이었다.

그러나 2003년, 학익동에 새 법원 청사가 지어지면서 인천지방법원은 현재의 위치로 이전하게 되었다. 이때 나도 판사로 가게 되었다. 새로 지은 법원은 규모도 크고 시설도 쾌적했기에 근무 환경만 본다면 만족할 만했다. 그런데 문제가 있었다. 학익동 법원은 인근에 전철역이 없어 주안역이나 인천터미널에서 반드시 버스를 갈아타야 한다. 그마저도 버스 배차 간격이 일정하지 않아 시간을 맞추기 어렵고, 환승 과정에서의 피로도도 만만치 않다. 대중교통을 이용하는 사람들에겐 결코 편한 위치가 아니다.

게다가 최근에는 송도와 청라 같은 서남부 신도시로 인구가 대거 이동했지만, 법원은 여전히 구도심인 학익동에 남아 있어 많은 사람이 재판을 위해 장시간 이동해야 하는 불편을 겪고 있다. 접근성이 떨어진다는 것은 단순히 '불편하다'는 차원을 넘어선다. 이는 시민들이 정당한 절차에 따라 재판받을 기회가 제한된다는 의미이며, 결과적으로 사법 서비스의 질 자체를 낮추는 요인이 된다.

문제는 이뿐이 아니다. 주변 환경이 열악하고 확장성도 없어 늘어나는 수요를 감당할 수가 없다. 또, 현재 인천지방법원의 청사시설이나 판사 수, 사건처리 시간 등을 비교하여도 서울지역 법원에 미치지 못하는 수준이다. 그렇기에 나는 인천지방법원에서 근무하는 3년 동안 인천이 사법 서비스에서 소외당하고 있다고 생각할 수밖에 없었다.

이후 서울남부지방법원에서 1년을 더 판사로 근무하고 2007년에는 변호사로 개업하는 등 나름 바쁜 나날들을 보내다 보니 인천의 사법 서비스에 대한 문제의식도 점차 옅어지게 되었다. 그렇게 또 4년을 보내고, 어느덧 2011년이 되었을 때다. 내 삶에 다시 인천지방법원이 들어선 사건이 발생했다.

구분	주요기능	설치지역	비고
헌법재판소	헌법 관련 사건	서울	독립된 기관으로 일반법원과는 별도로 존재.
대법원	최고심	서울	최고법원으로 하급심 판결을 최종적으로 심리
고등법원	2심 법원 (항소심)	서울, 부산, 대구, 광주, 대전, 수원	지방 법원 판결에 불복할 경우 이곳에 항소
지방법원	1심 법원 (민사, 형사)	전국	
가정법원	이혼, 입양 등	서울, 수원, 대구, 부산, 광주, 대전, 인천 등에 설치	가사사건, 소년 보호 사건
행정법원	행정소송	서울	다른 지역은 지법 행정부가 처리
특허법원	지식재산권 사건	대전	고등법원급 법원, 전문적인 기술적 판단을 해야 하는 사건 심리.

<표2> 사법 제도의 구조, 설치지역

서울 변호사, 인천 변호사가 되다

"로스쿨 교수요?"

2010년, 봄이 끝나갈 무렵 D로부터 제안이 들어왔다. K 대학 로스쿨의 교수로 일해보는 것이 어떠냐는 것이다. 이전까진 생각하지 못했던 일이지만, 막상 제안을 받고 보니 '학교에서 학생들을 가르치며 사는 삶'도 꽤 괜찮겠다 싶었다.

당시 나는 서울 목동에서 변호사 사무실을 4년째 운영 중이었다. 이전에는 천안, 대전, 인천, 서울 남부법원을 돌며 판사로 살았다. 군판사 1년까지 합치면, 판사로만 살았던 시간이 7년이다. 판사 생활을 마친 뒤에는 변호사로 4년을 살았으니 실무자로서 웬만한 경험은 다 해봤다 싶던 때였다. 게다가 나는 내 지식을 다른 이와 공유하는 것을 좋아하는 편이라 선생이 적성에도 맞을 듯했다.

그래, 앞으론 학생들을 가르치며 살아가야겠다.

D의 제안에 선뜻 응했다. 사무실을 빼고 집기를 처리했다. 무언가를 정리한다는 건, 단지 익숙한 장소를 거두거나 물건을

치우는 일이 아니었다. 그 안에 스며든 시간과 감정을 꺼내어 조용히 작별을 고하는 일이었다. 더군다나 이제껏 내가 걸어왔던 길을 살짝 틀어 새로운 길로 들어서는 결정을 한 터라, 미묘한 떨림도 있었다.

그런데 일이 틀어졌다. 그해 K 대학에서 로스쿨 교수를 뽑지 않기로 한 것이다.

이런. 젠장.

이미 다 정리했는데, 뒤늦게?

그야말로 낙동강 오리알 신세가 된 것이다. 그렇다고 이 이상한 상황에 연연하고 화를 내기엔 시간이 아까웠다.

'선생이 될 운명은 아니었나 보다. 이왕에 이렇게 된 거 인천에서 자리 잡자.'

이미 지나간 일에 발목을 붙잡힐 필요가 없었다. 세상에 길이 어디 하나뿐인가. 이 길이 아니면, 저 길을 만들면 된다. 그래서 만든 것이 법무법인 '장강'이다. 중국에서 유학했던 경험으로 중국 전문 변호사가 되고 싶어서였다. 장강은 인천과 서울에 변호사 사무실을 개업하는 것으로 첫걸음을 내디뎠다.

세상은 수학이 아니다. 정답이 정해져 있지도 않고, 모든 일이 설명 가능한 논리로 흘러가지도 않는다. 그렇기에 더러 당혹스러울 때도 있지만, 또 그렇기에 흥미롭기도 하다. 계획한 일이 틀어졌을 때 처음엔 멈칫하게 되지만, 그 안에서도 새로운 길을 찾아내는 것, 그것이 결국 삶을 재미있게 만드는 요소이기 때문일 것이다. 그러니 이렇게 생각할 수도 있다.

'계획은 틀어지는 것이 아니라 다른 길로 나아가는 우아한 회전이다.'

변호사가 왜 도시공학을 공부하냐고?

인천에 변호사 사무실을 개업한 지 8년이 지났다. 그동안 인천에서만 활동한 것은 아니다. 법무법인 장강의 간판은 서울 서초역 근처의 한 사무실에도 걸렸다. 서울과 인천을 오가며 활동하느라 바쁜 나날이 이어졌다. 그 와중에 한양대 도시공학 대학원에 들어가기도 했다.

도시공학 박사과정을 밟기 위해 본격적으로 준비한 기간은 1년이다. 그러니까 2018년에 준비하기 시작해 2019년에 대학원에 입학한 셈이다. 하지만 도시공학에 관심을 가지기 시작한 건 그보다 훨씬 이전인 2012년 즈음이다. 당시 내 의뢰인 중에 도시공학을 공부한 사람이 있었는데, 그와의 인연은 자연스레 도시공학을 내 삶에 들이는 계기가 되었다. 재개발, 재건축 관련 사건을 많이 맡게 되었을 뿐 아니라, 그 경험을 바탕으로 자문과 강의 등에서도 활발한 활동을 이어 나갔다. 그러다 보니 본격적으로 도시공학을 공부하고 싶어졌다. 그냥 실무자의 관점에서 도시를 바라보는 것만으로는 어딘가 아쉬웠다. 도시는 법과 제도, 이해관계의 집합체이면서도 동시에 공간과 시간, 사람의 흐름이 교차하는 유기체였다. 그 복잡한 결을 조금 더 깊이 이해하고 싶었다. 단지 사건을 해결하는 차원을 넘어서, 도시를 구성하는 구조와 그 이면의 논리를 알고 싶었다. 그래서 결심했다. 다시 학교에 다니기로. 하지만 이러한 결정은 주변 사람들에겐 의외의 일이었던 듯하다.

"변호사잖아. 도시공학은 왜?"

"갑자기? 도시공학을 전공한다고?"

이러한 질문을 받으면 나는 되물었다.

"이 세상에 법이 적용되지 않는 것이 있을까?"

사실상 없다. 모든 일에는 그와 관련된 법이 있고, 사람들은 그 법에 따라 행동한다. 도시도 마찬가지다. 길 하나를 내고, 건물을 허물고, 아파트를 세우는 일조차 결국은 법의 틀 안에서 이뤄진다. 토지 이용 계획부터 행정 절차, 보상 문제, 갈등 조정까지 도시는 끊임없이 법과 마주치며 성장하고 변한다. 그렇기에 내가 가진 법 지식과 현장 경험이 도시공학에도 상당한 도움이 되리라는 것을 알고 있었다. 또, 반대로 도시공학을 공부하면서 내가 깨닫게 된 것도 있다. 이를테면, 이제껏 도시를 단순한 사건의 배경으로 본 것에서 벗어나 도시를 적극적으로 바꿀 수 있는 하나의 행위 주체로 인식하게 되었다는 점이다. 도시는 그저 누군가의 삶이 벌어지는 무대가 아니라, 그 자체로 삶의 방향을 형성하고, 사회의 구조를 반영하며, 때로는 개인의 선택을 제약하거나 이끌기도 한다.

그렇게 시야가 바뀌자 내가 해야 할 일의 방향도 조금씩 달라지기 시작했다. 단순히 분쟁을 조율하는 것에서 나아가, 도시가 사람들의 삶을 더

품위 있게 담아낼 수 있도록 제도와 구조를 설계하는 데 도움이 되고 싶다고 생각하게 되었다. 그럴 즈음, 내 앞에 거대한 과제가 툭 던져졌다.

인천고등법원이다.

2019년,
'인천고등법원 유치'가 화두에 오르다

　인천에 고등법원이 없었던 건 어제오늘 일이 아니었다. 나부터도 이에 대해선 깊이 생각해본 적이 없었다. 그런데 2019년 2월 인천지방변호사회에서 "우리 인천에도 고등법원을 만들 수 있도록 하자"라는 말이 나온 것이다. 이런 말이 나온 이유가 있었다.

　당시 인천에 원외 재판부가 만들어진 것이다. 원외 재판부는 본청(중앙 법원)과는 다른 지역에 설치된 소규모 법원 단위의 재판부를 뜻한다. 그러니까 인천엔 서울고등법원 소속 원외 재판부가 설치된 것이다. 이를 두고 누군가는 서울고등법원 원외 재판부라도 생겨 다행이라고 생각할 수도 있다. 그런데 인천의 상황을 직시하면, 그리 단순하지 않다.

　일단 인천엔 인천지방법원 본원만 있다. 미추홀구 학익동에 있기에 인천 북부 시민들의 접근성이 상당히 떨어지는 편이다. 그렇다면, 비슷한 규모의 다른 도시 상황은 어떨까. 먼저 부산을 살펴보면, 부산지방법원 본원이 한 곳이며 동부지원과 서부지원이 설립되어 있다. 총 관할 단위가 세 곳이다. 대구는 부산보다도 더 형편이 좋다. 본원이 한 곳이며, 지원이 여덟 곳으로 총 관할 단위가 아홉 곳이나 된다. 이에 반해 인천은 단 한 곳이다.

그 이유가 인천이 부산, 대구보다 인구수가 적기 때문일까?

그렇진 않다.

인천 인구는 약 3,037,049(2025년 기준)명으로 대구(약 2,357,997명)보다 약 백만 명이나 더 많고, 부산(약 3,254,457명)보다는 약 사십만 명이 적을 뿐이다. 여기에 부천과 김포 인구 130만 명까지 포함하면, 인천지방법원이 실질적으로 관할하는 인구는 약 430만 명에 이른다. 그러니까 인천은 다른 도시와 비교해봐도 사법 서비스에서 상당한 불균형을 겪고 있다고 볼 수 있다. 문제는 이러한 불균형이 앞으로 더 심화할 가능성이 크다는 점이다. 인천은 수도권의 핵심 광역 도시로, 현재도 인구가 꾸준히 증가하고 있어서다.

이런 현실임에도 법원 규모를 키우거나 시설을 늘리는 대신 서울고등법원 소속 원외 재판부만 달랑 들어선다는 건, 인천이 여전히 '서울의 변두리'로 취급받고 있음을 보여준다. 이는 곧 인천 시민이 동등한 사법 서비스로부터 소외되고 있다는 뜻이기도 하다. 인천 지방변호사회는 이에 대한 문제를 제기하고, 나아가 인천에도 고등법원이 필요하다는 목소리를 높였다. 그 움직임은 결국 인천고등법원 유치 추진위원회 결성으로 이어졌다.

✔ 법원 설립 과정

법원을 새로 설립하기 위해서는 국회의 문턱을 넘어야 한다. 즉, 단순한 행정 조치로 가능한 일이 아니라, 국회의 입법 과정을 거쳐야만 현실이 된다. 법원 설치와 관련된 사항은 「각급 법원의 설치와 관할구역에 관한 법률」에 명시되어 있는데, 이 법률을 개정하지 않고는 단 한 곳의 법원도 새로 만들 수 없다. 문제는, 이 법률이 개정되는 빈도가 매우 낮다는 데 있다. 우리나라 국회는 회기마다 수천 건의 법안을 접수하지만, 실제로 본회의까지 통과하는 법안은 극히 일부다. 특히 법원 설치법안은 더욱 까다롭다. 또, 통상적으로 법원 설치에 관한 법안은 국회 임기 4년 동안 단 한 번 다뤄지는 것이 관례처럼 굳어져 있다.

누가 고양이 목에 방울을 달 거니?

2019년 6월 인천고등법원 유치 추진위원회의 첫 번째 회의가 있는 날이었다.

"여기 계신 분 중엔 인천고등법원 설립의 필요성을 모르시는 분은 없을 겁니다. 하지만 우리가 원한다고 되는 것이 아니죠. 인천고등법원 설치법안을 통과시켜야 하는데, 그러려면 인천 시민뿐 아니라 국회의원이나 중앙정부를 설득할 수 있는 명분이 필요합니다. 그 명분은 단순한 지역 이기주의가 아니라, 국민의 사법 접근권을 보장하기 위한 최소한의 요구라는 점을 분명히 해야 합니다. 또, 통계와 사례를 통해 설득력 있는 자료를 만들어야 합니다. 그러자면, 다음 세미나에선 구체적 자료를 통해 회의를 진행해야 할 것 같은데……. 혹시, 이 일을 하실 분이 계실까요?"

진행자의 말이 끝났지만, 선뜻 하겠다고 나서는 사람이 없었다. 모두 인천고등법원을 유치해야 한다는 것에는 동의했지만, 적극적으로 나서서 하기엔 부담스러웠을 것이다. 나라고 별반

다르지 않았다. 변호사 일 뿐 아니라 도시공학 박사 과정까지 밟고 있었으니 시간적 여유가 그리 많지도 않았다. 게다가 나는 인천지방변호사회 활동을 적극적으로 한 적도 없었다. 가끔 도산법이나 조세법에 대한 무료 강의를 맡아 하는 것이 다였을 뿐이다. 그런데도 나는 번쩍 손을 들었다.

"제가 하겠습니다. 제가 다음 세미나의 발표 준비를 맡겠습니다."

시간을 되돌려 생각해보면, 그날 내가 손을 번쩍 들었던 건, 법률가로서가 아니라 도시공학을 공부하는 학생으로서였다. 도시공학을 공부하다 보니, 내가 사랑하는 인천이 생각보다 낙후되어 있다는 사실을 마주하게 되었다. 단지 오래된 건물이나 부족한 기반 시설 때문이 아니었다. 진짜 문제는 도시를 지탱하는 제도와 행정, 특히 사법 시스템이 서울이나 다른 대도시에 비해 현저히 뒤처져 있다는 데 있었다. 겉으로는 수도권의 핵심 도시지만, 실상은 '사법 인프라의 주변부'에 불과한 인천의 현실이 또렷이 보이기 시작한 것이다. 평소 이런 생각을 하고 있었던 터라 이번 기회에 인천의 사법 시스템과 고등법원 설치의 필요성에 관한 연구를 한번 해보자는 마음이었다.

그런데 삶은 참 묘한 구석이 있다. 가벼운 결심 하나가 예상치 못한 방향으로 인생을 이끌어가기도 한다. 그렇다는 것을 경험으로 알고는 있었지만, 막상 그런 일이 닥칠 때 그 일이 그런 정도의 일인지 알아차릴 수 없을 뿐이다. 그날도 그랬다. '제가 하겠습니다'라는 말은 그저 발표 한번 해보겠다는 정도의 다짐이었을 뿐이다. 그런데 그 다짐 하나가 나를 고등법원 유치라는 거친 파도에 휩쓸리게 했다. 그것도 무려 육 년이나.

인천고등법원 미설치가
인천 시민의 기본권 침해인 이유

300만 인천 시민들은 지금도 항소심 재판을 받기 위해서는 서울까지 가야 한다. 이러한 문제를 해결하기 위하여 인천지방변호사회와 시민단체들은 인천고등법원의 설치를 지속해서 요구하고 있다. 근본적으로 인천고등법원의 미설치는 인권을 보장하고 사회를 통합하는 헌법에 배치되는 것으로 위헌의 성격이 크다. 국가는 국가의 공권력을 제한함으로써 국민의 기본권을 보장하고, 최종적으로 사회를 통합하기 위해 헌법을 제정했다.

우리나라 헌법은 1948년 제1공화국 헌법 이래로 자유와 민주주의를 원칙으로 지금까지 위와 같은 원칙을 지키면서 면면히 내려오고 있다.

헌법 애국주의는 헌법이 국민의 기본권 실현을 위한 본질적 가치임을 강조하며, 국가기관이 이에 따라 운영되어야 한다는 사상이다.

또한, 국가의 제도와 법을 헌법 애국주의에 맞도록 개선해 나가는 것을 헌법수호 의지라고 한다. 그러므로 국가는 헌법수호 의지를 보여주기 위하여 우리 사회가 필요한 제도와 법을 헌법의 가치에 부합하게 제정하거나 개정해야 한다. 나는 헌법 애국주의적 관점에서 인천고등법원의 미설치가 우리 헌법이 기본권으로 보장하고 있는 인천 시민의 평등권, 재판 청구권, 재산권 등을 침해하고 있고, 지방자치단체를 통해 지방자치를 실현하려는 인천 시민의 지방자치권을 침해하고 있다고 본다.

헌법 제27조 제1항과 제3항은 법률이 정한 법관에 의해 재판을 받을 권리와 신속한 재판을 받을 권리를 규정하고 있다. 법률이 정한 법관의 의미는 각 지역의 법원마다 법관의 능력과 시간을 비슷하게 하여 각 지역 주민이 같은 품질의 재판을 받을 수 있도록 해야 하는 것을 말한다. 만약 어느 지역의 법관 수가 적어서 재판의 품질이 떨어지는 것은 재판을 받을 권리의 침해이다. 서울고등법원 인천 원외 재판부의 설치는 그 자체로 재판을 받을 권리의 침해이다. 그리고 인천에서 항소심 재판을 받기 위해 서울고등법원까지 가야 하는 것은 매우 많은 시간과 비용이 드는 것이어서 신속한 재판을 받을 권리의 침해이다.

헌법 제11조에 의하면 모든 국민은 법 앞에서 평등하다고 규정하고 있다. 이미 인천과 같은 지위에 있는 수원은 2019년에 수원고등법원을 개원하여 수원과 경기 남부 주민들이 더 신속하게 재판을 받고 있다. 동일한 것을 동일하게 대우하는 것이 평등이라고 할 수 있는데 수원과 경기 남부 주민들은 인천과 경기 서부의 주민들보다 재판 청구권 행사의 면에서 더 나은 대우를 받고 있다. 이것도 인천과 경기 서부 주민들이 정치적 경제적으로 차별을 받는 것으로 평등권 침해라고 할 것이다.

헌법 제23조에는 모든 국민의 재산권을 보장하고 있다. 신속한 재판을 받지 못하면 재산권 보장을 제대로 보장받지 못하는 결과가 생긴다. 재산권 보장이 제대로 되지 않는 경우 자유시장경제 아래에서는 경쟁에서 불리하게 되어 그 피해는 고스란히 재산권을 가진 자가 입는다. 또한, 헌법 제117조, 제118조에 의하여 지방자치단체는 법령의 범위 안에서 자치에 관한 규정을 제정하고 의회를 둘 수 있다. 그렇다면 지방자치를 최대한 보장하기 위해서는 법원도 그 지역 사건을 그 지역 내에서 처리하도록 해야 함이 맞다. 인천고등법원이 설치되지 못함으로써 인천, 부천, 김포 시민들은 신속하고 공정한 재판을 받지 못하여 재산권 보장을 제대로 받지 못할 뿐 아니라 지방자치권에 대한 본질적인 보장을 받지 못하고 있다.

인천고등법원의 부재는 우리 헌법이 보장하는 재판을 받을 권리, 평등권, 재산권, 지방자치권 등을 실질적으로 침해하는 결과를 낳는다. 국가가 이를 장기간 방치하는 것은 부작위에 의한 헌법적 침해 상태로 평가될 수밖에 없다. 이러한 점에서 우리 인천 시민들은 정부, 국회, 대법원에 인천고등법원의 조속한 설치를 요구해야 하며, 앞으로 헌법재판소에 헌법소원을 제기해 인천고등법원의 미설치가 헌법위반임을 확인받아야 한다. 더는 우리 인천 시민들이 헌법상에 보장된 기본권 침해를 묵과할 수 없기 때문이다.

'인천고등법원 설치'로의 우아한 회전

　인천지방변호사회의 '인천고등법원 및 북부지원 유치'에 관한 토론 일정은 석 달 후로 잡혔다. 그 한 달 동안 바쁜 시간을 쪼개가며 발표 준비를 했는데, 그 과정에서 채진기 박사 동기생이 꽤 많은 도움을 주었다. 그는 나와 함께 도시공학 박사과정을 밟고 있는 동기생으로, 지금은 안양시 시의원이 되어 열심히 활동 중이다.

　처음에 어떤 마음으로 시작했든, 인천고등법원 유치 관련 발표를 준비하는 과정에서 나는 또 한 번 확신하게 되었다.

　인천처럼 큰 도시에 고등법원 원외 재판부 한 개가 생기는 것 정도로는 아무 의미가 없다는 것을. 서울고등법원 사건 중에 14% 정도를 인천지방법원 관할에서 발생하는데 그 많은 사건을 재판부 하나로 해결할 수는 없기 때문이다. 이것은 법원행정처가 단순히 생색내기용으로 인천에 고등법원 재판부 하나를 설치한 것에 불과했다. 무엇보다 인천에 고등법원이 없는 것은 헌법을 위배하는 위헌적 상태라는 심증이 더 강해졌다. 단지 서울에 가깝다는 이유로 그 규모에 비해 많은 차별을 받아온 것이다.

그리고 나를 포함해 인천에서 활동하는 변호사들도 문제라는 생각이 들었다. 사법 인프라가 이처럼 부족한데도 그 심각성을 인지하고, 목소리를 내기보다는 그 상태에 적응하고 살아가는 것에 그쳤기 때문이다. 사실 그 이면엔 '변호사로 돈만 잘 벌면 되지.' 같은 마음도 있었을 것이다. 나 역시 그랬으니까. 어렴풋하게나마 인천의 사법 인프라가 더 발전되었으면 좋겠다는 생각이 있었음에도 그랬다.

굳이 변명하자면, 내가 원하는 삶은 나와 내 가족이 편안히 즐기는 삶이어서다. 애당초 변호사 사무실도 서울과 인천, 두 곳에 두고 싶지 않았다. 원래는 사무실을 줄이고 즐기며 사는 것을 목표로 삼았다. 그런데 문득 공부하고 싶은 것이 생겨 대학원에 들어갔고, 도산법 전문가로서 '안다 기업회생센터'도 만들었다. 그리고 이젠 고등법원 유치에 한 발 들이밀고 있기까지 했다.

이왕에 시작한 일, 제대로 하고 싶었다. 더 정확하게는 인천고등법원 유치의 필요성뿐 아니라 그 대안까지도 제시하고자 했다. 당연하게도 욕심을 낸 만큼 일은 많아졌다. 하지만 꽤 즐겁게 발표 보고서를 준비했고, 결국 발표날(2019년 10월)이 왔다.

당시 내가 준비해서 발표한 내용을 간략히 정리하면 다음과 같다.

1. 최근 인구 150만 명이 있는 고양과 파주에서 고양지원의 지방 법원 승격 운동을 하고 있다.
2. 고양지원이 고양지방법원으로 승격되면 인천과 마찬가지로 그 지역 주

민들도 서울고등법원으로 재판을 받으러 가야 한다는 점에서 비슷한 불편을 겪게 된다.

3. 인천고등법원이 설립될 경우 접근성이 좋은 인천고등법원으로 고양 및 파주 시민들이 항소심 재판을 받도록 하면 그들도 그 불편함을 해소할 수 있어 인천고등법원의 관할구역을 고양지방법원까지 넓힐 수 있다.

4. 그렇게 되면 인천고등법원은 수도권 서부지역의 핵심 법원으로 인구 580만 명을 관할하면서 인천지방법원과 고양지방법원을 거느리게 된다.

5. 또, 파주와 일산에 새로 개통된 도로와 철도를 이용하여 인천 서구에 설치될 인천고등법원을 이용할 수 있게 됨으로써 그 지역의 불편을 같이 해결할 수 있게 될 것이다.

6. 이는 서울로 집중된 사건들을 해당 지역에서 해결할 수 있게 되는 효과가 있다.

7. 또한, 인천고등법원 관할 지역 주민들에게 헌법 제27조 제3항을 실질적으로 보장할 수 있게 된다.

사실, 인천에 고등법원이 유치되어야 한다는 명분은 차고 넘쳤다. 오히려 지금까지 없었다는 게 이상할 지경이다. 그렇기에 조금만 노력하면, 인천에도 고등법원을 유치할 수 있을 것 같았다.

문제는 세상의 어떤 일도 절로 되지는 않는다는 것이다. 뭔가를 해내기 위해서는 그에 맞는 노력이 필요하다. 인천고등법원 유치도 마찬가지다.

당연히 누군가는 총대를 메고 나서야 한다. 그런데, 누가.

꼭 나여야 할 필요는 없다.

그렇다면, 누가.

문제를 인지하지 못했으면, 그냥 모른 척 넘어가면 될 일이다. 그런데 인천고등법원 유치에 관한 보고서를 작성하는 과정에서 모른 척 넘어가기가 힘들어졌다.

'문제가 있잖아. 문제라고 생각하잖아. 그리고 해결 방법도 알잖아. 그런데도 그냥 모른 척할 거야?'

나 자신에게 몇 번이나 물었다.

'발표만 하면 뭐하나, 직접 만들기 위해 노력해야지. 딱 삼사 개월. 그 시간만 더 해보자.'

내게 삼사 개월의 시간을 준 건 2020년 4월에 예정된 총선 때문이었다. 지금부터 몇 달만 집중해서 움직이면 총선을 앞둔 시점에 정치권의 관심을 끌 수 있을지도 모른다고 생각했다. 총선에 출마한 후보자들이 민심을 가장 예민하게 살피는 시기이자, 지역 현안에 대한 공약이 활발하게 논의되는 때이기도 했기 때문이다. 나는 바로 이 기회를 활용해 '인천고등법원 유치'라는 의제를 정치적 이슈로 끌어올릴 생각이었다.

단 삼사 개월. 그리 긴 시간이 아니었기에, 나는 겁도 없이 나머지 발도 성큼 내밀었다.

✔ '인천고등법원' 설립의 헌법적 근거

✻ 평등권

헌법 제11조

① 모든 국민은 법 앞에 평등하다. 누구든지 성별 종교 또는 사회적 신분에 의하여 정치적 경제적 사회적 문화적 생활의 모든 영역에서 차별을 받지 아니한다.

: 인천광역시민은 2심 재판을 받기 위해 평균 2시간 거리의 서울고등법원으로 가야만 한다. 이는 평등권을 침해하는 일이다.

✻ 재산권

헌법 제23조

① 모든 국민의 재산권은 보장된다. 그 내용과 한계는 법률로 정한다.

② 재산권의 행사는 공공복리에 적합하도록 하여야 한다.

③ 공공필요에 의한 재산권의 수용, 사용 또는 제한 및 그에 대한 보상은 법률로서 하되, 정당한 보상을 지급하여야 한다.

: 사법 서비스를 받지 못하게 될 경우, 그 지역에 사는 국민은 재산권 보장을 제대로 받지 못하는 결과가 발생할 수 있다. 재산권 보장이 제대로 되지 않으면 자본주의 경쟁에서도 불리하다. 이는 곧 우리가 추구하는 자유시장경제에도 맞지 않는다.

✻ 고등법원 설치 근거 법률

현재 고등법원은 「각급 법원의 설치와 관할구역에 관한 법률」에 근거하여 서울, 수원, 대전, 대구, 광주, 부산의 6개 지역에 소재하고 있다.

*사법 제도 개혁의 기본이념

- 법치주의를 확립하고 정착시킬 수 있는 사법 제도.
- 사법의 민주적 정당성과 국민의 신뢰를 증진할 수 있는 사법 제도.
- 국민이 쉽게 이용할 수 있는 신속하고 공정한 사법 제도.
- 국민의 인권보장을 강화하는 사법 제도.
- 전문적 법률 지식, 국제적 경쟁력 및 직 윤리를 갖춘 우수한 법조 인력을 양성할 수 있는 사법 제도.

*인천고등법원 설치 타당성 검토의 필요성

- 국민의 법원에 대한 접근성 보장.
- 법원의 배치와 증설을 통해 법치주의 확대와 함께 증대될 법적 분쟁의 해결을 위한 인프라 구축.
- 사건 수의 동향, 교통 여건과 관할구역 면적 등을 고려할 때 인천고등법원 설치 문제 검토.

*국민을 위한 사법 서비스의 방향

- 법원조직은 중앙집권적 사법 구조를 조직 측면에서 분산하는 방향으로 접근 필요.
- 전국을 몇 개의 단위 지역으로 나누고 각 지역에 고등법원과 지방 법원을 두되, 지역 단위 고등법원의 독자성을 부여하는 방법 등 고려.
- 각 단위 지역 법원의 법관임용과 사법행정에서의 자율성을 보장하여 사법권의 중앙집중화를 방지할 필요가 있음.
- 현재 전체 사건 수와 법관 1인당 사건 수를 고려하면 전체 법원의 규모는 더욱 확대 필요.

인천고등법원으로
가는 길

2

권리를 누리는 사람은 자신의 권리를 제대로 찾아서 누리는 사람이다.
권리 위에 잠자는 사람은 다른 사람이 보호해 주지 않는다.
그래서 나는 인천 시민들이 고등법원의 유치를 위해 행동하기를 바랐다.

1장. 그 길에 발을 들이다

우리도 할 수 있어.
수원고등법원을 봐

우리 인천에도 고등법원을 유치할 수 있다고 믿은 것엔 나름의 이유가 있다. 바로 수원고등법원 때문이다.

수원고등법원이 정식으로 설치가 결정되어 개원한 날은 2019년 3월 15일이다. 이전엔 수원 역시 인천과 마찬가지로 고등법원이 없었다. 이는 수원 시민뿐 아니라 성남, 안산, 평택 등 인근 도시의 시민들에게도 상당한 불편을 초래했다. 이 지역 시민들도 2심 재판을 위해 매번 서울까지 가야 했기 때문이다.

그런데 수원은 어떻게 고등법원 유치에 성공할 수 있었을까.

그 배경엔 경기중앙변호사회(수원지방변호사회의 전신)가 있다. 경기중앙변호사는 2004년 9월, '수원고등법원 설치 추진위원회'를 출범시켰다. 당시엔 "수원에 고등법원을?" 하는 반응도 많았다. 그러나 변호사회는 포기하지 않았다. 지역 언론과 협력해 여론을 모으고, 시민들의 불편 사례를 수집해 자료로 만들었다. 서울고등법원으로 집중된 항소 사건처리 구조의 불합리성, 수도권 남부의 인구 대비 사법 인프라의 열악함을 조목조목 짚어냈다. 이후 총선과 지방선거를 앞두고 정치권에도 끊임없이 문제를 제기했다.

"이건 수원의 문제가 아니라, 경기 남부 전체의 문제입니다."

수원시와 경기도도 점차 이 움직임에 힘을 보탰고, 고등법원 유치는 점차 '지역 현안'으로 자리 잡기 시작했다. 그 노력의 결실은 마침내 2019년 3월 15일, 수원고등법원 설치 결정이라는 형태로 나타났다. 약 14년 6개월 만에 이루어낸 성과였다.

수원의 사례에서 보듯, 고등법원 유치는 하루아침에 이루어지는 것은 아니다. 하지만 2019년 11월의 나는 자신이 있었다. 곧 다가올 2020년 4월 총선을 앞두고 인천지역 국회의원 후보들에게 '고등법원 유치'를 핵심 공약으로 제안한다면, 이 의제를 정치권 안으로 충분히 끌어올릴 수 있을 거라는 확신이 들었다.

무엇보다 우리에겐 분명한 이점이 있었다. 바로, 수원이 이미 한번 그 길을 걸어갔다는 사실이다. 그들이 겪었던 시행착오를 되짚어보고, 반복하지 않을 방법을 찾아낼 수만 있다면, 우리는 훨씬 더 짧은 시간 안에 같은 목표에 도달할 수 있으리라 믿었다.

그렇게 마음을 굳히고 나니 하루하루가 아까웠다. 수원고등법원 유치 과정을 꼼꼼히 들여다보며 자료를 정리하고, 그에 맞춰 전략을 세웠다. 머릿속은 늘 고등법원 이야기로 가득했고, 틈만 나면 누군가에게 아이디어를 털어놓았다. 다른 한편으론 정치인들과 지역단체 관계자들을 만나기 시작했다. 그리고 나를 도와준 유일한 후보는 김교흥 의원이었다.

"인천에도 고등법원이 꼭 필요합니다."

처음 듣는 이야기라며 고개를 갸웃하는 사람도 있었지만, 대부분은 긍정적인 호응을 보였다. 그 호응이 당장 법안을 내거나 행동으로 이어지는 것은 아니었지만, 한 사람이라도 더 이 이야기에 공감하도록 끌어내는 것, 그것부터가 시작이었다.

나는 그렇게 믿었다.

한 사람의 고개 끄덕임이, 한 표의 지지로, 또 하나의 정책으로 이어질 수 있으리라고. 그런데 이러한 믿음을 나만 가진다고 될 일은 아니었다.

왜 노력하니?
시간이 해결해 줄 거야

단순하게 생각하면, 인천고등법원 유치는 인천 변호사들에게도 좋은 일이다. 일단 오전 재판 때문에 새벽같이 집을 나서야 하거나 서류 한 장 제출하기 위해 멀리 서울까지 가지 않아도 된다. 대신 지역 안에서 항소심 업무를 안정적으로 수행할 수 있고, 의뢰인과의 접근성도 훨씬 높아진다. 무엇보다 인천에 기반을 둔 변호사로서 지역사회와의 연계성이 훨씬 더 강화된다.

도시의 법조 생태계가 자리를 잡고, 후배 변호사들에게도 새로운 기회가 열리는 셈이다. 그러니까 이건 단지 '편리해진다'는 문제를 넘어 인천 법조계의 자존감과 독립성을 키우는 일이기도 하다. 인천 변호사가 인천고등법원 유치를 반기지 않을 이유가 없다. 그런데도 인천의 동료 변호사들은 이 부분에 대해 크게 생각하지 않는 것 같았다. 심지어 고등법원 유치를 위해 노력해야 할 이유가 없다고 생각하는 사람도 있었다. 우리가 굳이 노력하지 않아도, 시간이 지나면 자연스럽게 고등법원이 유치될 것이라 믿어서다.

그럴 수도 있다. 지금 당장 노력하지 않아도, 언젠가 인천에 고등법원이 유치될 날이 올 수도 있다. 인천은 우리나라 3대 도시 중 하나로 300만 명이 넘는 인구가 살고 있다. 무엇보다 인천은 인천항, 송도 신항, 인천국제공항, 경제자유구역 등이 있는 곳으로 대규모 개발로 인해 다양한 경제주체 간의 소송사건이 빈번하게 일어나는 곳이기도 하다. 이런 곳에 고등법원이 없다는 사실은 단지 인천의 문제가 아니라 대한민국 사법 시스템 전체의 불균형을 보여주는 상징적 단면이다. 그렇기에 언젠가는 이 불균형을 고치고자 정부 차원에서 나서서 인천고등법원을 유치할 수도 있다. 그런데 그 언제가 언제인가. '그런 일이 있을 수도 있다'라는 건 '그런 일이 일어나지 않을 수도 있다'라는 뜻을 포함한다. 무엇보다, 언제 일어날지 모를 일을 하염없이 기다리는 동안, 인천, 부천, 김포 시민은 사법 서비스의 소외지역에서 살아야만 한다. 그런데도 시간이 해결해줄 것이라 믿고 이대로 기다려야만 할까.

당연히 아니다.

대한민국 헌법은 1948년에 제정되어 지금의 제6공화국 헌법에 이르기까지 많은 변화를 거쳐 왔지만 가장 핵심적인 것은 기본권의 보장이 강화되고 국가의 권력에 대한 제한은 늘어났다는 것이다. 또, 우리 헌법은 제11조의 평등권, 제21조 제1항의 법률에 따른 재판을 받을 권리, 제21조 제3항의 신속할 재판을 받을 권리, 제23조의 재산권을 기본권의 하나로 규정하고 있다. 이러한 헌법상의 기본권은 우리나라 국민이라면 똑같이 누릴 권리를 가진다. 서울 사람이라고 더 누리고, 인천 사람이라고 덜 누리면 그것은 기본권 침해가 된다. 또한, 우리는 헌법의 기본권 침해에 대하여 국가에 대하여 청원할 권리가 있고, 침해당하고 있는 권리 수준의 개선을 요구할 권리도 있다. 이러한 권리를 침해당한 채로 절로 고등법원이 유치되기만을 기다릴 수는 없는 일이다.

그렇다고 나 혼자의 힘으로 어떻게 할 수 있는 문제도 아니다. 인천고등법원이 유치되려면 인천 시민과 변호사들이 간절히 바라고 열심히 움직여야 한다. 서울을 비롯한 다른 지역의 변호사들은 인천에 고등법원이 생기든 말든 관심이 없다. 그나마 관심을 가질만한 곳은 서울에 소재한 법원이나 검찰 쪽일 것이다. 이들은 인천, 부천, 김포 등지의 항소심까지 관할해야 하니, 자신들의 일을 덜 수 있다는 측면에서 바랄 수도 있다. 그렇다 하더라도 이들은 스스로 나서지는 않을 것이다. 오로지 인천 사람들이 힘을 모아야만 할 수 있는 일이다.

어떻게?

나는 고민 끝에 '인천고등법원 유치'에 관한 설문조사를 하기로 했다.

구분	서울	인천	부산	수원	광주	대전	대구
항소심 건수	17,542	2,560	4,466	5,157	3,295	3,060	2,230
인구 10만 명당 항소심 건수	121.2	60.0	58.4	58.6	58.3	55.1	45.2

<표3> 인구 10만 명당 항소심 건수 : 전국 2위

설문조사,
생각보다 쉽지 않네

고백하자면, 설문지를 만들어 돌리기만 하면 사람들이 기꺼이 응할 것이라 여겼다. 고등법원의 필요성이 아주 명확했기 때문이다. 하지만 그건 어디까지나 나 혼자만의 판단이었다. 설문지를 건네면 사람들은 고개를 끄덕였다.

"그렇군요."

"필요하겠네요."

이런 반응을 보였지만, 정작 그 자리에서 설문지를 작성해주는 이는 드물었다.

그때 깨달았다.

아, 이들에게 법원이란 참 먼 세계의 일이구나.

생각해보면, 내가 만난 이들 대부분은 형사 피고인이 될 일도, 억대 민사 소송에 휘말릴 일도 없다. 고등법원이 있든 없든 그 존재는 일상의 문제로 와 닿지 않는 것이다. 그러니 그에 관한 설문은 굳이 시간을 내어 응답할 만큼 시급하거나 절실한 일이 아니었다.

이를 어쩐다…….

본격적으로 시작도 하기 전에 벽에 부딪힌 느낌이었다. 어쩌면 내가 생각했던 것보다 더 힘겨울지도 모른다는 생각도 들었다. 그래서 그다음부터는 작정하고 움직였다. 누굴 만나든, 언제 어디서든 설문지를 꺼내 들었다. 지인 모임뿐 아니라 엘리베이터 안에서도 인천 사람을 만나면 웃으며 말을 건넸다.

"혹시 인천에 고등법원이 없다는 사실, 알고 계셨어요?"

그다음엔 자연스럽게 설문지를 내밀었다.

"잠깐이면 됩니다. 한 장만 작성해주시면 큰 도움이 됩니다."

그때부터는 일상이 곧 유치 활동이었다.

하루에 몇 명을 설득했는지, 몇 장의 설문지를 걷었는지, 이제는 기억조차 가물가물하다. 하지만 당시의 기록을 살펴보면, 총 1,654명의 설문지를 받은 것으로 나온다. 그 결과, 인천지방법원 재판 이후 항소를 위해 서울고등법원까지 가야 하는 현실에 대해 시민들의 불편함이 뚜렷하게 드러났다. 응답자의 60%는 '매우 불편하다', 30%는 '불편하다'고 답해, 총 90%가 불편함을 호소했다. 이는 인천 시민들이 항소심 절차에서 심리적·시간적·경제적 부담을 크게 느끼고 있음을 보여준다. 인천에 고등법원이 설치되어야 한다는 의견에는 더욱 강한 지지가 있었다. 응답자의 56%가 '매우 필요하다', 35%가 '필요하다'고 답해, 무려 91%가 인천고등법원 설립에 찬성했다. 단지 불편함을 넘어, 지역 사법 접근성 향상과 권리 보장을 위해 고등법원 설립이 필요하다는 공감대가 형성되어 있는 것이다.

✔ 인천고등법원 설문조사

＊설문조사 개요
 • 2019년 11월 12일부터 12월 12일까지 인천 및 인근 지역 시민, 법률가
 등을 대상으로 실시.
 • 유효 부수 1,654부를 받아 통계 작성.
 • 설문 내용은 거주지역, 인천지방법원을 이용하며 느낀 점, 향후 인천고
 등법원 설치의 필요성 등 10가지 항목.

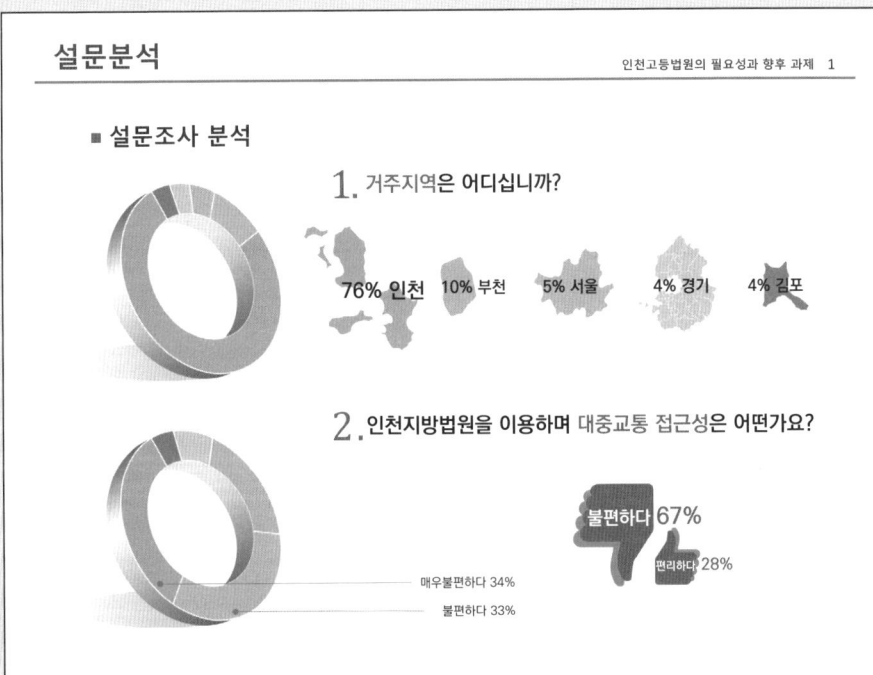

설문분석

■ 설문조사 분석

1. 거주지역은 어디십니까?

76% 인천   10% 부천   5% 서울   4% 경기   4% 김포

2. 인천지방법원을 이용하며 대중교통 접근성은 어떤가요?

불편하다 67%

편리하다 28%

매우불편하다 34%

불편하다 33%

설문분석

■ 설문조사 분석

3. 인천지방법원 재판 이후 항소를 위하여 서울고등법원으로
   재판을 받는 것에 대하여 어떻게 생각하나요?

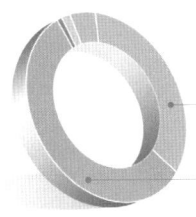

30% 불편하다

60% 매우불편하다

불편하다 90%

편리하다 7%

4. 수원고등법원의 설립으로 인한 경기남부 지역 거주민의
   사법접근성 향상에 대하여 어떻게 생각하나요 ?

21% 잘한것이다

56% 매우 잘한것이다

잘하였다 77%

잘못하였다 6%

설문분석

■ 설문조사 분석

5. 인천에 고등법원을 대신하여 서울고등법원 원외재판부가
   생기는 것에 대하여 어떻게 생각하시나요?

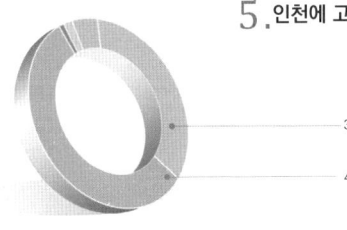

31% 불만족

43% 매우불만족

불만족 74%

만족 17%

6. 인천고등법원 설립에 대하여 어떻게 생각하시나요?

35% 필요하다

56% 매우 필요하다

필요하다 91%

필요없다 4%

설문분석

■ 설문조사 분석

7. 인천에 고등법원이 설립된다면,
   어느 지역에 설립되기를 희망하나요?

| 1위 미추홀구 39% | 2위 서구 24% | 3위 계양구 12% |

8. 인천고등법원 관할구역 확대에 대하여 어떻게 생각하시나요?

38% 필요하다

42% 매우 필요하다

필요하다 90%

13% 필요없다

설문분석

■ 설문조사 분석

9. 인천고등법원 설립으로 인하여 인천지역의 지위향상이
   된다고 생각하시나요?

높아질 것이다

93%

아니다 4%

10. 인천고등법원 설립에 대하여 어떻게 생각하시나요?

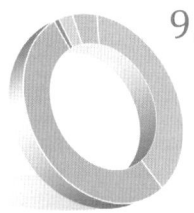

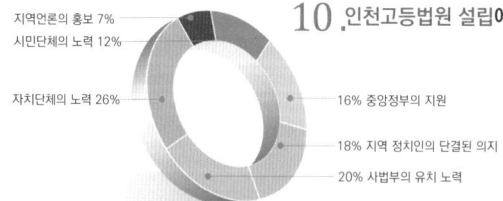

지역언론의 홍보 7%

시민단체의 노력 12%

자치단체의 노력 26%

16% 중앙정부의 지원

18% 지역 정치인의 단결된 의지

20% 사법부의 유치 노력

| 1위 인천시의 노력 ----------26% |
| 2위 사법부의 유치 노력--------20% |
| 3위 지역 정치인의 단결된 의자--18% |

* 설문분석

- 시민들은 인천지방법원에서 판결을 받은 후 항소심 재판을 받기 위해 서울로 재판받으러 가는 것에 대하여 많은 불편함을 호소하였음.
- 수원고등법원이 생겨 수도권 남부 주민들의 사법 접근성 향상에 대하여 잘한 것으로 평가함.
- 현재 위치한 인천지방법원의 접근성에 대해 불편함을 느끼며 새로운 법원 부지를 모색하여 주기를 원하고 있음.
- 인천고등법원이 현재보다 고양시, 파주시를 관할구역으로 확대하여 광역적인 사법의 중심지가 되기를 원함.
- 인천고등법원의 신속한 신설을 위하여 인천시와 인천시의회의 적극적인 추진 노력이 절실하다는 의견이 높음.
- 인천고등법원의 유치 열망이 높은 것이 확인됨으로써 이에 대한 정치권의 적극적인 노력을 원하고 있음.

'인천고등법원 유치'를 공약으로

'인천고등법원 유치' 관련 설문조사가 중요한 이유는 또 하나 있다. 바로 2020년 4월 15일에 치러지는 총선 때문이다. 이날을 목표로 전국의 국회의원 후보자들은 몇 달 전부터 본격적인 선거 체제로 돌입했다. 이들은 지역 곳곳을 누비며 인사를 하고, 민원을 청취하고, 언론 인터뷰에 응하고, 공약을 하나둘씩 꺼내놓기 시작했다. 선거는 곧 '선택의 시간'이며, 선택받기 위해서는 명분과 전략, 그리고 무엇보다 '공약'이 필요하다.

특히 지역 공약은 선거 전략의 핵심이다. 각 후보는 자신이 속한 지역의 오랜 현안을 찾아내고, 그 문제를 해결하겠다는 약속을 통해 유권자의 지지를 얻고자 한다. 바로 이 지점에서 설문조사는 결정적인 역할을 할 수 있다. 인천고등법원 유치를 바라는 시민들의 요구가 수치화되어 있다면, 그것은 지역 현안의 실체를 입증하는 강력한 증거가 된다. 구체적인 자료가 있는 민심은, 후보자에게는 공약으로 채택할 명분이 되고, 유권자에게는 목소리를 내는 도구가 된다.

그렇기에 내가 할 일은 분명했다. '인천고등법원 유치'를 총선 후보의 공약에 넣도록 설득하는 것이다. 문제는 어느 지역구의 후보에게 이 이슈를 맡기는 것이 가장 효과적인가였다.

당시 우리가 인천고등법원을 유치할 부지로 가장 적절하다고 판단한 지역은 인천 서구, 그중에서도 한들 구역과 왕길동 일대였다. 단순히 행정 구역상의 편의 때문만은 아니었다. 고양이나 파주 등 경기 서북부까지 관할 범위를 고려했을 때, 인천 서구는 지리적으로 중심에 가까우면서도 접근성이 뛰어난 지역이었기 때문이다. 또 인천지방법원 본원이 남부에 치우쳐 있는 상황에서, 북부 시민들을 고려한 균형적 사법 인프라 확충이라는 측면에서도 서구는 타당한 선택지였다.

무엇보다 서구는 당시에도 개발 여지가 많은 지역이었다. 고등법원을 포함한 법조단지를 조성하려면 일정 규모 이상의 부지가 필요한데, 이미 포화 상태인 도심지보다는 비교적 토지 매입 부담이 적은 구도심이나 재개발 예정지가 유리했다. 그런 의미에서 우리가 주목한 곳이 바로 가정역 부근 그린벨트가 있는 곳이었다. 그렇기에 우리는 인천 서구에서 출사표를 던진 후보를 찾았고, 그때 만난 이가 서구 갑 후보로 나선 김교흥이다.

김교흥 후보는 우리가 준비한 자료를 꼼꼼히 검토한 뒤, '인천고등법원 유치'를 자신의 핵심 공약으로 채택했다. 당시 인천 국회의원 후보 중에서 이 의제를 공약으로 내건 사람은 그가 유일했다. 그리고 다행히 그는 21대 총선에서 서구갑 국회의원으로 당선되었다. 그는 4수 만에 다시 국회의원이 되었다.

'오! 이제 정말 인천고등법원이 생길지도 모르겠는데?'

그 소식을 들었을 때, 마치 내가 국회의원이 된 것처럼 벅차고 기뻤다. 이제 남은 건 김교흥 의원이 실제로 '인천고등법원 설치법안'을 대표 발의하는 일이었다.

그런데 예상치 못한 변수가 생겼다. 제21대 국회가 들어서자마자 서구 갑의 신동근 의원이 인천고등법원을 반드시 유치하겠다고 1호 법안으로 인천고등법원 유치 법안을 제출한 것이다.

"어떡하죠?"

김교흥 의원은 적잖이 당황한 기색이었다. 똑같은 법안을 두 의원이 동시에 낼 수는 없었기 때문이다. 신동근 의원이 낸 법안은 주요 내용에서 사실관계 오류와 법적으로 미비한 부분이 발견되었다.

"의원님, 괜찮습니다. 그 법안 내용을 기반으로 수정안을 새롭게 발의하시면 됩니다. 제대로 정리된 방향으로요."

나는 그렇게 설득했다. 법안 하나를 통과시키기까지는 오랜 시간과 절차가 필요하다는 걸 알고 있었기에, 지금 중요한 건 '누가 먼저 냈느냐'보다 '얼마나 제대로 준비했느냐'라고 믿고 있었다.

✔ 인천고등법원 유치, 유튜브로 소문내다

인천고등법원 유치를 위해서는 되도록 많은 사람에게 알리는 일이 중요했다. 그 노력의 하나로 유튜브 영상을 제작했는데, 촬영은 순례길 학교 회원인 권오현 교수님이 도와주셨다. 촬영 현장에는 순례길 학교 회원 열 명이 송도와 인천시청 앞에서 힘을 보태주셨다.

영상은 비록 큰 파급력을 얻지는 못했다. 하지만 인천고등법원 유치를 향한 시민들의 진정성과 순수한 의지를 담아낸 기록물이라는 점에서 의미가 있다.

인천시청에서 촬영을 도와주고 계신
권오현 교수님

법조단지는 인천 서구에

인천지방법원은 미추홀구 학익동에 있다. 단일 건물로, 인천 전체를 감당하는 유일한 법원이다. 하지만 접근성이 좋은 편은 아니다. 법원까지 대중교통을 타고 오려면 한두 번은 갈아타야 하고 시간도 적잖이 소요된다.

나는 오래전부터 인천 북부에 새로운 법원이 필요하다고 생각해왔다. 부평, 서구, 계양은 인구가 밀집된 지역이고, 도심 기능도 점차 북부로 확장되는 추세였다. 단지 '불편하다'는 이유만은 아니었다. 시민이 법의 보호를 받기 위해 긴 시간을 들여 먼 거리를 이동해야 한다는 이 상황은 결국 사법 서비스의 불균형을 드러내는 것이었다. 그래서 나는 '법원이 더 가까이 있어야 한다'는 단순한 바람에서 더 나아가, '인천고등법원이 필요하다'는 생각에 이르게 되었다. 균형을 바로잡기 위해서는, 고등법원이라는 구조 자체가 인천에 있어야 한다고 믿었다.

이미 수원에는 고등법원이 설치되어 경기 남부를 담당하고 있었다. 수원고등법원이 관할하는 인구는 약 800만 명. 인천도

430만 명에 달하는 인구를 관할하고 있었기에 규모 면에서도 부족하지 않았다. 무엇보다 인천은 수도권 서북부의 중심지다. 파주, 고양, 연천처럼 서울고등법원까지 가기 버거운 지역 주민들에게도 인천은 더 가까운 선택지가 될 수 있는 위치였다.

그런 배경 속에서 나는 북부 법원 신설과 고등법원 유치를 함께 염두에 둔 계획을 세워왔다. 새로 지어질 법원이 인천의 본원이 되고, 기존 학익동 법원은 남부법원으로 재편되는 그림. 그리고 그 새로운 본원은 단지 지방 법원 하나만을 위한 것이 아니라, 훗날 인천고등법원까지 품을 수 있는 규모로 지어야 한다고 생각했다.

그 그림이 실현될지도 모른다는 희망이 한때 있었다. 인천 서구 가정역 인근, 공공복합단지로 지정된 넓은 부지가 바로 그 희망이었다. 가정역은 인천 지하철 2호선과 앞으로 개통될 7호선이 동시에 통과되는 곳이다. 인천시 제2 공공기관시설이 들어오고, 인천지방국세청이 들어오는 곳이다. 이곳에 인천고등법원까지 들어온다면 엄청난 행정중심지가 될 곳이라고 상상했다. 그 외에도 인천 아시아드 경기장, 청라 일대, 검단의 공공시설 터 등을 검토해 보았다. 그런데 인천고등법원의 용지로 정해지기는 쉽지 않아 보였다.

나는 도시를 설계한다는 것이 단순히 땅 위에 건물을 올리는 문제가 아니라는 사실을 새삼 깨달았다. 시민이 기대했던 공공성과 행정이 추진한 현실 사이의 간극은 생각보다 컸고, 그 틈에서 중요한 기회를 놓치기도 했다. 법원 하나를 유치하는 일이 어쩌면 도시 전체의 흐름과 맞닿아 있다는 것을 그때 처음 실감했다. 하나의 공공기관이 어디에 놓이느냐에 따라 사람들의 발걸음이 달라지고, 행정과 교통, 상권까지 그 방향을 따라 움직인다는 사실도 함께 체감했다. 결국, 법원을 세우는 건 건물 하나를 더 짓는 일이 아니라, 도시의 미래와 그 가치를 다시 써내려가는 일이었다.

✔ **[일기] 2021년 2월 22일**

인천고등법원 설립을 기원하는 부족의 인디언 추장

척박한 애리조나에 농사를 짓고 살던 호피족 인디언들은 비가 오지 않으면 기우제를 지낸다. 호피족이 열심히 비가 오라고 비는데도 비가 오지 않으면 하늘에 대한 정성이 부족한 것으로 알고 더 열심히 기우제를 지낸다. 그러다 보면 시간이 지나서 비가 오고, 인디언들은 자신들의 노력에 하늘이 감동하여 비가 온 것으로 생각한다. 희망을 품고 열심히 바라다보면 그것이 이루어진다는 뜻으로 인디언 기우제라는 말이 쓰이고 있다. 즉 될 때까지 포기하지 않고 어떤 것을 희망한다면 반드시 이루어진다는 것이다. 나에게 있어 인천고등법원의 설립은 꼭 이루어져야 할 희망이다. 인천고등법원의 설립을 위하여 누구보다도 애쓰고 있다고 생각한다. 인천이라는 우리나라 2대 도시에 고등법원이 없다니 법조인으로서 지역을 사랑하는 사람으로서 참을 수 없는 일이다. 그래서 나는 인디언 추장처럼 비가 오기를 바라듯이 인천고등법원이 유치될 때까지 기도할 수밖에 없다. 그러다 보면 언젠가는 꼭 이루어질 것으로 생각한다. 그래서 나는 인디언 추장이 되기로 했다. 인디언 기우제를 통하여 꿈을 이루었던 인디언 추장이 되기로 했다.

인천지방변호사회에서 내건 조건

직장인들 사이에 흔히 오가는 말이 있다. 일이 힘들어서가 아니라, 사람이 힘들어서 퇴사하고 싶어진다고. 과도한 업무보다 더 버거운 것은 인간관계에서 비롯되는 갈등이고, 직장 내 선후배 간의 긴장감은 단순한 피로를 넘어 마음마저 잠식시킨다.

'인천고등법원 유치'를 위해 뛰던 그 시간도 마찬가지였다. 바쁜 일정을 쪼개고, 쉬어야 할 시간을 반납하며 일하는 건 그리 어려운 일이 아니었다. 일 하나 위에 또 다른 일을 얹는 일이라면 얼마든지 견딜 수 있었다. 무엇보다 내가 살아온 이 도시 인천에 보답하는 길이라 여겼기에 오히려 기꺼운 마음으로 감당할 수 있었다. 그러나 정작 나를 지치게 했던 건 '일'이 아니라 '사람'이었다. 가장 힘든 순간은 함께 걸어가야 할 누군가가 팔짱을 끼고 지켜보고만 있을 때였다. 혹은 무관심을 가장한 냉소 속에서 나를 의심하는 눈빛을 마주할 때였다.

'내가 뭐 하려고 이렇게까지 하나……'

이런 회의감은 육체의 피로 때문이 아니라 마음의 피로에서

비롯되었다. 특히 인천지방변호사회 회장이었던 T에 대한 서운함은 쉽게 지워지지 않았다. 그는 곧잘 이렇게 말했다.

"되지도 않을 일에 왜 그렇게 열심히 하는 거야?"

그 말의 표면에는 의문이 담겨 있었지만, 그 이면에는 '혹시 정치하려는 거 아니야?'라는 경계심이 엿보였다. 실제로 그는 인천고등법원 유치에 공식적인 지원을 거의 하지 않았다. 그랬던 T가 어느 날, 느닷없이 조건을 걸며 제안을 해왔다.

"김교흥 의원 혼자서는 부족하니까 신동근 의원과 함께 추진해보는 건 어때? 두 분이 함께 움직이면 우리 협회에서도 도와줄 수 있어."

누가 앞장서느냐는 사실 중요한 문제가 아니었다. 더구나 두 사람 모두 같은 정당, 더불어민주당 소속이었기에 조율이 어렵지도 않았다. 하지만 지금껏 한 발짝 뒤에서 바라보던 이가, 정작 결정적인 순간에야 비로소 도움을 조건으로 내거는 모습은 솔직히 달갑지 않았다.

그렇다 하더라도 본질은 하나였다. 결과가 중요했다. 결국, 김교흥 의원과 신동근 의원은 '인천고등법원 유치'를 위한 법안을 함께 발의하기로 뜻을 모았다. 그리고 2020년 6월 24일, 두 의원은 공동대표로 「각급 법원의 설치와 관할구역에 관한 법률」 일부 개정안을 발의했다.

그러나 법안을 '낸다'는 것과 그것이 '통과된다'는 것은 전혀 다른 문제다. 앞으로 인천 시민들이 단합해 요구해야 하며, 인천시와 인천시의회는 인천고등법원 도입법안이 통과되도록 제반 준비를 하여야 할 것이다. 수원고등법원은, 지역 주민들이 13년 동안 꾸준히 목소리를 냈고, 정치권이 힘을 모아 법안을 통과시킴으로써 비로소 작년에 도입되었다. 그러나 인천고등법원의 도입은 늦은 것이기 때문에 지금부터 속도를 내어서 올해 안에 법안이 통과되도록 해야 한다. 그렇게 되면 2025년 3월에 인천에서 도 고등법원이 설치되어 인천 시민들이 인천에서 항소심 재판을 받게 될 것이다. 아예 근거가 없는 희망이 아니었다. 인천시에서 인천고등법원 유치에 본격적으로 나서기 시작한 것이다.

✔ 내게 용기를 주었던 후원군 (1)

나는 사단법인 '착한법 만드는 사람들'에서 사무총장을 맡고 있다. 이 법인의 회장은 김현 변호사님이다. 김현 회장님은 서울지방변호사회 회장과 대한변호사협회 협회장을 역임하신 분으로, 법조계 안팎에서 깊은 신망을 받는 분이다.

그런 회장님께서 인천고등법원 유치 운동에도 아낌없는 힘을 보태 주셨다. 두 차례 열린 인천고등법원 유치 세미나에서는 직접 좌장을 맡아 회의를 이끌어 주셨고, 그 과정에서 늘 따뜻한 격려와 조언을 내게 건네주셨다.

큰 산처럼 든든한 버팀목이 되어 주신 덕분에 나는 다시금 힘을 내어 걸어갈 수 있었다. 김현 회장님은 내게 소중한 후원군이시다.

두 차례 열린 인천고등법원 유치 세미나에서 좌장을 맡아주신 김현 회장님과 함께.

'해야 한다'가 가진 힘

'어휴, 이것도 성격이다, 성격.'

이왕 시작한 일은 끝을 봐야 직성이 풀린다. 까다롭거나 어려운 일일수록 더 그랬다. 그런 성격이다 보니 2019년 겨울에 시작한 일을 2020년 여름에도 놓지 못하고 붙들고 있었다. 나는 그 과정을 글로도 남겼는데, 유독 자주 등장하는 문장이 하나 있다.

'해야 한다.'

'할 수 있다'도 아니고, '하고 싶다'도 아니다. '해야 한다.'

포기할 수 있는 선택지는 처음부터 없다고 나 자신에게 못을 박는 문장.

누군가는 서명을 모아야 했고, 누군가는 입법을 요청해야 했고, 누군가는 끝까지 기다려야 했다. 그 '누군가'를 나는 자연스럽게 '나'라고 생각했던 것 같다. 왜 그랬을까? 처음엔 아무도 나서지 않았기 때문이었겠지만, 시간이 흐를수록 목소리를 내는 사람들이 하나둘 생겨났다. 그런데도 나는 여전히 '해야 한다'에 매여 있었다.

왜였을까.

기록을 읽던 중, 나도 모르게 웃음이 터진 문장이 있다.

시민단체나 지역 주민들도 지속해서 인천고등법원 설립을 위한 서명을 해야 한다. 그리고 인천지역 정치인들은 조속히 인천고등법원 설립법안을 통과시켜야 한다. 수원은 법안 통과에 2년이 걸렸지만, 인천 국회의원들은 더 노력하여 올해 안에 입법되도록 해 주시길 간절히 바라고 있다. 그래야 2025년에 인천고등법원이 설립되고, 항소심 때문에 서울로 가는 일이 사라지게 될 것이다. 이것은 인천의 경사요, 인천의 독립이다. 그런 날이 반드시 올 것이라고 난 굳게 믿고 행동하고 있다.

- 2020년 6월 23일

'인천의 독립'

지금 다시 읽어도 웃기면서도 짠한 말이다. 우리나라 사람이라면 '독립'이라는 단어에서 먼저 떠올리는 것은 일제강점기에 나라를 되찾기 위한 항쟁일 것이다. 그에 비하면 내가 말한 '인천의 독립'은 한없이 소박하고도 생뚱맞아 보인다. 그런데도 당시 굳이 '독립'이라는 표현을 쓴 데에는 이유가 있었다. 인천에 고등법원이 들어선다는 것은 단지 사법기관이 하나 더 생기는 일이 아니었다. 그것은 인천 시민이 더는 서울까지 가지 않고, 바로 이 자리에서 항소심을 받을 수 있게 된다는 뜻이다. 단순한 행정 편의의 문제가 아니라, 시민의 사법 접근권을 보장받는 일이다.

이미 수원에는 고등법원이 있다. 그에 비해 인천은 인구도 많고 산업도 밀집되어 있음에도 불구하고, 항소심 재판을 위해 여전히 서울로 올라가야만 한다. 인천을 독립적인 도시가 아니라 서울의 위성도시로 여기기 때문일 것이다. 그래서 나는 그 말을 썼다.

✔ 내게 용기를 주었던 후원군 (2)

인천고등법원 유치 운동을 전개하는 과정에서 가끔은 나 혼자만 발을 동동 구르고 있는 듯한 순간이 있었다. 그럴 때마다 내 곁을 지켜준 분이 있다. 바로 지용택 이사장님이다.

이사장님은 나를 향해 "천천히 하면 된다"라고 말씀해 주셨다. 그 한마디가 휘청거리던 나를 단단히 붙들어 주었다. 나 혼자서는 엄두도 내기 어려운 일들도 이사장님은 서슴없이 나서주셨다. 국회의원들에게 직접 전화를 걸어 "조 변호사를 도와달라"고 부탁하셨고, 새얼문화재단의 '아침의 대화' 자리마다 나를 소개하며 나에게 힘을 실어주셨다.

외로움 속에서 내밀어 주신 그 손길은 한 줄기 빛이었다. 함께 걷고 있다는 확신을 심어 주었고, 다시 발을 내디딜 용기를 주었다. 그 격려가 있었기에 나는 지금까지 버틸 수 있었다. 내게 용기를 준 든든한 후원군, 그 은혜를 오래도록 기억하고 싶다.

'독립'

누군가는 과하다고 할 수도 있다. 하지만 내게 이 말은, 인천 시민이 사법 서비스에서 소외되지 않고, 가까운 곳에서 신속하고 편리하게 법의 보호를 받을 수 있는 '당연한 권리'를 되찾는 일이었다.

유치 운동 과정에서 든든한 버팀목이 되어주신 지용택 이사장님과 함께.

인천시의 합류는 희망이었다

그동안 인천고등법원 유치는 변호사회와 일부 시민단체가 중심이 되어 조용히, 그러나 꾸준히 이어온 요구에 가까웠다. 이 과정에서 인천시의 반응은 한발 물러서 있는 듯 보였고, 그저 상황을 관망하는 자세에 가까웠다. 그러던 인천시가 마침내 공식적인 논의를 거쳐 대응에 나서기로 한 것이다.

인천시는 인천연구원에 고등법원 설치에 필요한 기초자료 조사를 위한 연구 용역을 발주했고, 고등법원의 관할구역과 입지 조건, 유치 전략 등을 보다 구체적으로 살펴보기 시작했다. 또, 북부지원 유치를 위해 운영되던 기존 TF 조직은 '인천고등법원 유치 TF'로 성격을 바꾸어 재편되었으며, 행정부시장이 직접 단장을 맡는 방식으로 조직의 위상과 책임도 강화되었다.

이러한 변화는 단순한 행정 조치 이상이었다. 그동안 민간 차원에서만 논의되던 주제가 이제 공적 의제로 자리 잡기 시작했으며, 고등법원 유치가 시의 정책 과제 중 하나로 포함된 것이다. 그 순간 나는 이렇게 생각했다.

'정말 가능할지도 모르겠다.'

물론 여전히 해결해야 할 과제는 많았다. 법률 개정이라는 벽도 남아 있었고, 여론과 정치의 흐름도 끝까지 지켜봐야 했다. 하지만 중요한 것은 이제 이 일이 개인이나 특정 단체의 염원이 아니라, 도시 전체가 함께 고민하는 공론의 과정으로 옮겨졌다는 사실이었다. 출발선에 함께 선 것만으로도 상황은 근본적으로 달라져 있었다.

나는 그제야 조금 마음을 가다듬을 수 있었다.

인천시가 움직이고, 제도적 기반을 마련하려는 시도가 시작되었다면, 이제 나도 내 자리에서 감당할 수 있는 몫을 조금 더 차분히 이어가면 될 일이었다. 앞날을 장담할 수는 없었지만, 그 길이 올바른 방향이라는 확신만큼은 분명했다.

생전 처음으로 해보는
1인 시위

2020년 7월, 인천고등법원 유치 법안 발의에 맞춰 기념행사가 열렸다.

그 자리에 더불어민주당 당 대표였던 송영길 의원을 포함한 국회의원 10명이 참석했고, 여러 언론과 인사들이 관심을 보였다. 인천고등법원의 필요성이 점차 공론화되고 있다는 사실이 체감된 날이었다. 그러나 행사장에서 들은 한마디는 다시금 현실의 벽을 떠올리게 했다.

"법안은 보통 임기 말에 발의하는 게 관례예요. 지금은 분위기를 만드는 단계고, 실제 발의는 2023년쯤이 될 거예요."

3년 뒤라고? 그 말을 처음 들었을 땐 당황스러웠다. 여기까지 달려왔는데, 3년이나 더 기다리라고?

하지만 금세 마음을 다잡았다. 수원고등법원 유치 과정도 수년이 걸렸다는 점을 생각하면, 3년은 결코 긴 시간이 아닐 수 있었다. 그리고 그 기다림 끝에 정말 인천에 고등법원이 설치된다면, 감내하지 못할 이유도 없었다.

진짜 문제는 따로 있었다.

'이제 공은 국회로 넘어갔다'고 안심하고 있던 내 판단에 균열이 생긴 것이다.

비록 법안 발의는 시간이 걸리더라도, 우리가 손을 놓고 있어서는 안 된다는 것을 그제야 실감했다. 발의도 중요하지만, 그 법안이 실제로 통과되기까지는 여론의 압력, 시민사회의 관심, 지역의 절박함이 꾸준히 쌓여야만 했다. 마치 성벽을 하나씩 쌓듯, 느리지만 끈기 있게.

처음 쌓아 올릴 그 첫 벽돌로 나는 '1인 시위'를 택했다.

수원에서도 그랬다. 시민 한 사람의 절박한 외침이 결국 제도와 행정의 벽을 넘는 데 영향을 줄 수 있다는 것을 나는 그 사례를 통해 이미 알고 있었다.

2020년 10월 30일 정오, 여의도 국회의사당 앞. 그날 나는 인천고등법원 유치를 촉구하는 1인 시위에 나섰다. 내 삶에서 처음 해 본 시위였다.

몇 년 뒤, 그 이야기를 지인에게 털어놓았을 때, 그는 고개를 갸웃했다.

"너, 90학번 아니었어? 그때는 대학가가 시위의 중심이었잖아. 한 번도 안 했다고?"

그렇다. 1991년은 아직도 1987년 6월 항쟁의 열기가 이어지던 시기였다. 대학가에는 시위가 일상처럼 이어졌고, 교문은 자주 봉쇄되었다. 그러나 나는 한 번도 시위에 나서본 적이 없었다. 무관심해서가 아니었다.

9남매 중 막내였던 나는 형제자매들의 도움 없이는 학업조차 이어가기 힘든 형편이었고, 중고등학교 시절부터 장학금에 의지해 학교에 다녔다. 대학에 와서도 늘 '돈이 없는 학생'이었다. 내게는 시위도, 운동도 사치처럼 느껴졌다. 그 시절 내게는 단 하나의 목표만 있었다.

"고시에 합격하자."

가난에서 벗어나고 싶었다. 가족의 부담이 되고 싶지도 않았다. 그래서 나는 시대의 흐름에서 한 발짝 물러나, 도서관과 고시원 사이를 묵묵히 오가며 하루하루를 버텨냈다. 민주화를 외치는 친구들을 이해하지 못했던 것은 아니었다. 단지 그 세계는 내게 너무 멀고, 감당하기 어려운 것이었다.

그로부터 삼십여 년이 흐른 후에야 나는 직접 만든 피켓을 들고 국회의사당 앞에 서 있었다. 시대의 물결에서 한 발짝 떨어져 있던 청년이, 중년이 된 지금 시위의 한가운데 서게 된 것이다. 하지만 혼자가 아니었다. 인천광역시의회 노태손(부평2) 의원과 김종인(서구3) 의원, 더불어민주당 김교흥(인천 서구갑) 의원, 이성만(인천 부평갑) 의원, 그리고 인천시 서구의회 정인갑 의원이 함께해 주었다.

우리는 모두 같은 목표를 향하고 있었다.

"인천고등법원 유치의 당위성을 국회와 대법원에 알리자."

흔히들 말한다.

'소문난 잔치에 먹을 것 없다'라고.

하지만 우리는 될 수 있는 대로 많이 알려야 했다. 먹을 것이 없어서가 아니라, 먹을 것을 찾기 위해서. 그리고 그 시작이 바로 내 생애 처음으로 해 본 1인 시위였다.

✔ **[기록] 2020년 7월 28일**

인천고등법원 유치를 위하여 인천 시민 50만 명의 서명을 받읍시다

인천보다 앞서 고등법원 유치 운동에 나서 성공한 수원의 사례는 우리에게 많은 시사점을 줍니다. 수원 역시 고등법원 설립을 위해 다양한 노력을 기울였으며, 그 결실은 시민들의 단결된 유치 의지와 적극적인 참여 덕분이었습니다. 인천지역에서도 고등법원을 유치하기 위해서는 시민 여러분의 뜨거운 참여와 강한 의사 표현이 필요합니다. 당시 수원의 고등법원 유치위원장을 맡았던 이상용 변호사에 따르면, 수원의 관할 인구는 인천보다 많았고, 실제로 서명 인원도 100만 명을 넘었다고 합니다.

인천은 부천과 김포를 포함하면 약 430만 명의 관할 인구를 가진 대도시입니다. 따라서 수원의 절반 수준인 50만 명 이상의 서명을 확보한다면,

정부는 지역의 의사를 결코 가볍게 넘길 수 없을 것입니다. 더욱이 앞으로 이어질 선거 일정과 집권 여당이 인천고등법원 유치를 공약으로 내세운 상황을 고려할 때, 시민의 목소리를 결집할 지금이야말로 매우 중요한 시기입니다.

그렇다면 과연 50만 명의 서명을 어떻게 모을 수 있을까요?

이를 위해서는 시민단체와 정치권의 적극적인 협조가 필요하며, 인천시가 중심이 되어 '인천고등법원 유치 추진본부'를 구성하고, 각계각층의 서명을 체계적으로 취합해야 합니다.

서명운동은 생각보다 많은 시간이 걸리지 않습니다. 운동이 본격적으로 시작된다면, 한 달 이내에 목표를 달성하는 것도 충분히 가능하다고 판단됩니다. 특히 최근에는 전자서명 시스템도 잘 구축되어 있어, 스마트폰이나 PC를 이용해 시민 누구나 쉽게 참여할 수 있습니다. 이렇게 모인 서명은 청와대와 법원행정처에 민원 형식으로 제출될 수 있으며, 국회에도 인천 시민의 간절한 의지를 알릴 수 있습니다.

인천 시민이 고등법원을 얼마나 바라고 있는지를 구체적인 수치로 보여줄 수 있다면, 이번 정기국회에서 법안이 통과될 가능성도 훨씬 커질 것입니다. 이제는 정치권이나 법조계 노력만으로는 충분하지 않습니다. 이제는 우리 시민이 직접 나서야 할 때입니다.

인천고등법원 유치를 위한 서명운동은 단지 하나의 기관을 유치하는 것이 아니라, 인천 시민의 권리와 자존을 바로 세우는 일이기도 합니다.

시민 여러분의 적극적인 참여를 부탁드립니다.

엇갈린 논의, 멈춰 선 법안

2020년 7월 말, 인천고등법원 설치를 위한 법안이 국회에 계류되었다.

제21대 국회가 문을 열자마자 인천 국회의원들이 공동발의로 법안을 제출했고, 같은 해 7월 6일에는 국회의원회관에서 관련 토론회도 열렸다. 그날, 인천 국회의원 전원이 한자리에 모였다. 고등법원 설립을 위한 의지를 다시 확인하는 자리였고, 언론역시 이 소식을 비중 있게 다루었다. 분위기는 나쁘지 않았다. 정치권의 단합된 움직임에 더해 시민사회 안에서도 인천고등법원의 필요성을 공감했다. 이 법안은 단순한 행정 편의의 문제를넘어 사법 서비스의 형평성과 시민의 권리 회복이라는 본질적인 질문과 맞닿아 있었다. 흐름만 본다면, 법안은 무리 없이 국회를 통과하고 개원으로 이어질 수 있을 것처럼 보였다.

그러나 전혀 다른 지점에서 예상하지 못한 걸림돌이 튀어나왔다. 법안이 논의되는 법제사법위원회는 1소위와 2소위로 나뉘어 있는데, 고등법원 설치와 같은 법원조직법 관련 사안은 1소위 소관이다. 그런데 당시 법사위원장은 부산지역 출신이었고, 여야 간사의 협의 없이는 안건 상정 자체가 어려운 구조였다.

바로 이 틈에서 지역 간 이해관계가 엇갈리기 시작했다.

문제의 핵심은 '해사법원 설치'였다. 당시 인천과 부산이 모두 해사법원 유치를 신청해둔 상태였고, 부산지역 정치권은 '부산 단독 유치'를 강하게 원하고 있었다. 법사위 회의 자리에서 부산·경남 지역 의원들의 입장은 분명했다.

"인천에 고등법원이 들어오는 것 자체는 반대하지 않는다. 다만 해사법원 문제가 함께 해결돼야 한다. 부산이 해사법원을 가져가지 못한다면, 인천고등법원도 동의할 수 없다."

사실상 조건부 동의였다. 인천이 해사법원 신청을 철회해야 고등법원 설치를 받아들이겠다는 이야기였다.

"고등법원은 너희가 가져가고 해사법원은 우리가 가져가자. 두 개를 동시에 가져갈 수는 없다."

이 발언은 실제 회의 녹취록에도 남아 있다. 결국 법사위 간사 간 협의는 끝내 이루어지지 않았고, 법안은 상임위 문턱조차 넘지 못한 채 멈춰섰다. 당시 민주당이 국회 다수당이었기에 통과 가능성에 대한 기대도 있었지만, 해사법원을 둘러싼 지역 간 셈법 앞에서는 그마저도 무의미해졌다.

논의는 제자리를 맴돌았고, 안건은 회의 테이블 위에조차 제대로 오르지 못했다. 인천고등법원 설치를 위한 논의는 그렇게 해사법원이라는 전혀 다른 사안과 뒤엉켜 한 걸음도 나아가지 못한 채 멈춰 서게 되었다. 결국 제21대 국회가 끝날 때까지 인천고등법원도, 해사법원도 설치되지 못했다.

당시 함께 논의되던 세종시와 화성시 관련 법안만이 법사위 소위를 통과했으나, 본회의에 상정되기 직전 전체회의조차 열리지 않았다. 당시 법사위 위원장이었던 김도읍 의원이 전체회의를 열지 않았고, 그렇게 모든 법원 설치 관련 법안이 무산되었다.

이후에도 20대 국회에서는 단 하나의 법원조직법 개정안도 끝내 국회를 통과하지 못했다. 인천고등법원 유치 법안 역시 설령 소위를 통과했더라도 법사위 본회의에서 통과되지 못할 운명이었다. 하지만 고등법원을 유치하기 위해 노력했던 사람들, 간절히 바랐던 사람들에겐 그야말로 힘이 빠지는 일이었다.

'이대로 4년을 더 기다려야 하는구나.'

그 사실을 받아들이는 데는 시간이 조금 걸렸다. 논리도 수치도, 절차도 준비되어 있었고, 무엇보다도 필요성과 당위는 충분했다. 하지만 그렇다고 해서 모든 것이 무의미해졌다고 생각하지는 않았다. 수원의 사례에서도 알 수 있듯이 법원 하나를 세운다는 일은 결국 오랜 시간에 걸친 인내와 설득의 과정이 필요하다. 비록 이번 국회에서 통과되지 않았지만, 그동안 쌓아온 자료와 여론, 그리고 시민들의 바람은 사라지지 않는다. 정치는 타이밍이기도 하고, 때로는 우연과 조건의 산물이기도 하다. 이번엔 그 타이밍이 맞지 않은 것이다. 나는 그렇게 생각하기로 했다. 그러니 계속 힘을 내자고.

✔️ 2021년 5월 24일, 국회에서 인천고등법원 유치 포스터를 배포하다

인천고등법원 유치를 위한 세미나 홍보를 위해 국회에 가서 인천지역 국회의원 13명의 사무실을 다니면서 포스터를 배포했다. 국회의원들을 만나지는 못했지만, 의원 사무실 밖이나 지역구 사무실에 꼭 붙여달라고 직원들에게 부탁했다.

이날, 안관주 인천고등법원 유치위원장님이 함께 배포에 참여해 주셨다. 천군만마를 얻은 느낌이었다. 함께 의미 있는 일을 해가는 사람이 있다는 것은 큰 힘이 된다.

✔ 2021년 11월 11일, 인천고등법원 유치 관련 헌법소원 제출

인천고등법원 미설치에 대한 헌법소원을 제출했다. 입법의 길이 막혔을 때, 시민의 권리를 지키기 위한 또 하나의 방법은 헌법재판이다. 헌법재판소에 청구한 이번 소원은, 인천에 고등법원이 없는 것이 헌법이 보장한 기본권을 침해한다는 취지다. 청구인으로는 인천 시민 304명이 함께했고, 9명의 국회의원과 34명의 시의원, 40명의 예술인도 뜻을 모았다.

변화는 반갑지만

2022년 1월 30일, 인천지방변호사회 정기총회가 변호사회관 5층 회의실에서 열렸다. 21대 이상노 회장의 임기가 끝나고, 22대 안관주 회장의 임기가 시작되는 자리였다. 인천지방법원장, 인천지검장, 인하대 법학전문대학원장, 인천법무사회장 등 인천지역 법조계를 대표하는 인물들이 모두 참석했다. 특히 인천 출신인 대한변호사협회 이종엽 협회장님이 함께해 자리를 더욱 뜻깊게 해주셨다.

그날 내빈들의 인사말에는 공통된 주제가 있었다. 바로 인천 고등법원이었다. 모두가 그 이야기를 하고 있었고, 그 순간 나는 한 가지 사실을 실감할 수 있었다. 인천고등법원은 이제 몇몇의 주장이나 소망이 아니라, 인천 법조계 전체가 품은 계획이자 화두이며 희망이 되었음을. 몇 해 동안 고등법원 유치를 위해 분주하게 움직였던 나에게 그 풍경은 남다르게 다가왔다.

하지만 현실은 여전히 녹록하지 않았다. 인천고등법원 설치법안은 아직도 국회 법사위 어딘가에 잠들어 있었다. 2020년 6월, 갑작스러운 법안 발의와 잇따른 재발의는 한때 설렘을 안겨주었으나, 그 기대는 멈춰버린 논의 속에 묻혀 버렸다. 국회 세미나가 두 차례 열렸음에도 본격적인 논의는 진전되지 않았다. 인천 국회의원들도 세미나 현장에는 얼굴을 비쳤지만, 그 이후로는 다짐만 남겼을 뿐 실질적인 움직임은 보이지 않았다.

그러나 대선과 지방선거를 거치며 인천고등법원 설립은 다시 '공약'이라는 이름으로 수면 위에 올랐다. 시민들과 언론이 꾸준히 목소리를 낸 덕분이었다. 무엇보다 시민의 90% 이상이 찬성했다는 사실 앞에서 더는 외면할 수 없었을 것이다. 하지만 법안이 통과되지 않으면 그 어떤 공약도 허상이 되고 만다. 법이 바뀌지 않으면 고등법원은 생기지 않으니까.

그간 나 역시 시위에 나서고, 언론에 글을 싣고, 세미나에 참석하며 이 과제를 알리려 애썼다. 그리고 이제 22대 인천지방변호사회가 나를 '인천고등법원 유치 특별위원장'으로 임명함으로써 한 발 더 앞에 설 수 있게 되었다.

무엇보다 고마운 건 안관주 회장의 전폭적인 지지와 신뢰였다. 그의 뒷받침 아래 나는 다시 마음을 다잡았다. 올해 안에 법안이 통과될 수 있도록 인천시와 협력해 100만 서명운동을 추진할 계획이다. 곧 인천시장을 중심으로 유치위원회도 꾸릴 예정이다. 인천의 유력인사들이 함께 힘을 보태고, 지역의 각계 단체들이 응원하고, 인천시의 실무 부서가 행정적으로 협조하도록 흐름을 만들어 갈 것이다. 그렇게 모인 뜻을 국회로 가져가야 한다. 우리는 국민이고, 인천 시민은 당연히 그 국민의 일원이다. 국민의 뜻이 국회에 닿도록, 민심이 제도의 문을 두드릴 수 있도록, 우리는 계속 움직여야 한다.

대선과 인천고등법원

2022년 3월 1일, 대통령 선거가 코앞으로 다가온 시점이었다.

나는 이 대선이 인천고등법원 유치를 위해 매우 중요한 기회라고 생각했고, 각 정당의 대선후보들이 인천고등법원 설립을 지역 공약으로 채택해 주기를 내심 기대하고 있었다.

그 기대를 실현하기 위해 여러 노력을 기울였다.

언론에 기고도 했고, 인천시의회와 국회 세미나에서도 인천고등법원 설립이 대선 공약에 포함되어야 한다고 주장했다. 인천시와 인천연구원도 인천고등법원을 주요 공약으로 선정했고, 인천 시민단체들도 후보자들에게 같은 요구를 전달했다. 그렇게 움직인 결과, 더불어민주당에서는 인천고등법원 설립을 대선 지역 공약으로 포함했다. 다른 정당들은 별다른 반응을 보이지 않았지만, 그나마 한 정당에서라도 공약으로 채택한 것은 당시로선 의미 있는 성과였다.

선거가 가까워질수록 후보들의 판단 기준이 분명히 보였다.

표가 되는 공약은 앞다투어 내세우고, 표가 적게 모일 것 같은 안건은 조용히 넘어가는 방식이었다. 인천고등법원은 그들에게 표가 되는 이슈가 아니었다.

물론 인천에는 고등법원보다 시급한 과제가 많다는 것도 안다. 하지만 지방분권과 사법 서비스의 향상을 위해 고등법원 설치는 꼭 필요한 일이라 생각했고, 가능한 한 하루라도 빨리 이루어져야 한다는 마음으로 움직여 왔다. 그리고 그 당시만 해도 이 정도까지 진전시킨 것만으로도 의미 있는 성과라며 나 자신을 다독였던 기억이 난다.

하지만 그것은 아직 과정일 뿐이었다.

대선이 끝나고 곧이어 지방선거가 다가왔다. 인천시장과 시의원, 구의원을 새로 뽑는 시점에서 나는 자연스럽게 다음 관심을 그들에게 옮길 수밖에 없었다. 고등법원 유치에 힘을 실어줄 후보가 누구일지, 실제로 누가 이 문제에 관심을 두고 행동으로 보여줄 수 있을지 지켜보게 되었다. 바라던 바는 이 일에 적극적인 시장이 당선되어, 정부와 대법원에 인천고등법원 설치를 강력하게 요구해 주는 것이었다. 그래서 선거 이후에도 계속해서 언론에 글을 쓰고, 필요하다면 다시 피켓을 들겠다는 생각도 했다.

그즈음 또 하나 떠오른 과제가 있었다.

바로 인천지방변호사회의 역할이다.

말하기 조심스러운 부분이지만, 이 문제에 대해 인천지방변호사회도 이전과는 달라져야 한다고 생각했다. 고등법원 유치는 단순한 지역 숙원 사업이 아니라 공익에 가까운 사안이다. 그렇다면 공익을 위하여 존재하는 단체가 더욱 앞장서는 것이 마땅하지 않을까.

나는 지금도 이 시점이 인천고등법원 유치에 가장 적절한 정치적 환경이었다는 생각을 갖고 있다. 특별한 장애 요인이 있는 것도 아니고, 재정 부담도 크지 않다. 600조 원이 넘는 국가 예산 속에서, 5년간 1,700억 원이면 감당할 수 있는 수준이다. 법원행정처에서 엄청난 건축 예산을 사용하고 있으므로 매년 300억 원 정도를 투자하는 사업은 무리한 계획이 아니었다. 오히려 시민의 사법 접근권을 보장하고, 지역의 자존감을 높이는 상징적 사업이 될 수 있다.

시민단체들도 이 문제를 더는 '언젠가는'의 과제로 미루지 않기를 바랐다. 인천고등법원은 당장 실현 가능한 일이었고, 이미 늦은 감도 있었다. 인천은 지금까지 많은 분야에서 뒤처져 왔고, 법원 설립 문제도 예외는 아니다. 지금 이 순간에도 인천지방법원은 전국에서 사건처리 지연이 가장 심각한 곳 중 하나로 꼽히고 있다.

이제 더는 미룰 이유가 없다.

대선이 끝난 시점, 인천시와 변호사회, 시민단체가 함께 힘을 모아야 한다. 나는 여전히 생각했다. 어쩌면 다시 내가 나설 때가 온 것인지도 모르겠다고.

대선 공약으로 확정되었지만

2022년 3월 9일, 대한민국 제20대 대통령 선거가 치러졌다.

대선을 한 달 앞두고, 더불어민주당 인천시당 선거대책위원회는 인천 맞춤형 공약을 발표하며 유권자들과의 접점을 넓혀가고 있었다. 철도, 도로 등 교통 인프라를 중심으로 한 여러 사업과 함께 인천고등법원 설치가 명확히 명시되어 있었다.

내가 이 운동을 시작한 지 만 3년이 되던 시점이었다.

처음엔 믿기지 않았다.

"이제는 정말 되는 건가."

여당 대선 후보의 공약집에, 그것도 인천 서구의 대표 공약으로 인천고등법원이 이름을 올렸다. 이제야 비로소 길이 열린 것처럼 느껴졌다.

남은 과제는 단 하나였다. 이재명 후보의 당선.

그가 대통령이 된다면, 인천고등법원 설치는 단순한 지역 민원의 차원을 넘어 국가 정책으로 격상될 수 있을 것이라 믿었다. 이재명 후보는 행정 경험이 탄탄한 인물이었다. 성남시장 시절에는 137개 공약 중 132개를 이행하며 96.3%의 이행률을 기록했고, 경기도지사 재임 중에도 280여 개 공약 가운데 약 230개를 완료하거나 추진 중이었다. 공약 이행률 90.4%. 말보다 실천에 무게를 두는 정치인이었다.

그래서 더 기대했다. 그는 공약을 지킬 사람이라는 믿음이 있었기에.

그러나 2022년 3월 9일, 대선 개표 결과는 역대급 박빙이었다. 불과 24만 표 차이로 이재명 후보는 국민의 힘 윤석열 후보에게 패배했다. 그날 밤 인천고등법원 유치의 가능성도 함께 멀어져갔다.

정권이 바뀌면 국정의 우선순위가 달라진다. 선거 직전의 공약이 조용히 사라지는 과정을 우리는 수도 없이 목격해왔다. 실제로 이후 대통령실은 물론, 법무부와 행정부 어디에서도 '인천고등법원'이라는 단어는 더는 들리지 않았다. 공약은 기록만 남긴 채 사라졌고, 우리는 다시 원점으로 돌아가야 했다.

그 시점을 지나며 하나의 교훈을 새겼다.

우리는 공약을 믿어서는 안 된다. 대통령 한 사람의 말보다 중요한 것은, 시민들이 함께 쌓아 올린 서명과 목소리, 그 축적된 힘이 제도 안에 뿌리내리는 것이다.

정권은 바뀔 수 있고, 정치의 시간은 멈출 수 있다. 그러나 사람들의 요구는 사라지지 않는다.

인천고등법원이 대선 공약으로 채택된 순간은 분명 중요한 이정표였다. 그것은 인천 시민들의 오랜 요구가 국가적 과제로 격상되었음을 의미했고, 공론장의 문턱을 넘어 제도의 문 앞까지 도달한 사건이었다. 비록 그 약속은 지켜지지 않았고, 뒤이은 정권은 법과 제도의 언어조차 외면했지만, 우리는 포기할 수 없었다. 대선이 끝난 것이지, 인천고등법원 유치에 대한 열망이 끝난 것은 아니니까.

✔ 2022년 5월 23일, 인천고등법원 유치를 위한 시민모임

인천고등법원 유치를 위한 시민모임(대표 조용주 변호사)은 더불어민주당 박남춘 인천시장 후보와의 업무 협약식을 통해, 시장에 당선될 경우 인천고등법원 유치에 최대한 힘을 보태겠다는 약속을 받았다.

박 후보는 과거 제7대 인천시장 재임 시절에도 고등법원 유치를 위해 실질적인 노력을 기울여왔다. 대선 공약 반영을 위해 당 차원의 결정을 촉구했고, 인천고등법원 관련 정책연구 용역을 발주했으며, 전담 PF 팀을 구성해 실무적 대응에도 나섰다. 이번 협약식 자리에서 그는 당선 즉시 다시 그 작업을 본격화해 반드시 고등법원 설립을 실현하겠다고 밝혔다.

이날 행사에는 인천고등법원 설치법안을 국회에 발의한 김교흥 의원도 함께 자리했다. 그는 고등법원 유치를 위해 국회 안팎에서 지속해서 목소리를 내겠다고 다짐했다.

시민모임은 인천고등법원 설치를 위한 실질적 행동 조직으로, 시민과 변호사들이 함께 만든 단체다. 앞으로도 지방자치단체, 시민단체, 변호사협회 등과의 유기적 협력체계를 통해 입법을 실현하고, 서명운동 등 시민 참여 방식의 연대를 이어갈 계획이다.

인천시장에 걸었던 기대

2022년 6월 1일 지방선거를 앞두고, 서구 주민 협회장들과 함께 유정복 후보를 직접 찾아가 인천고등법원의 필요성을 이야기한 적이 있다. 우리는 서구가 인천에서 가장 넓은 면적과 56만 명의 인구를 지니고 있으며, 청라, 검단, 루원 등 빠르게 개발되는 지역을 품고 있다는 점을 강조했다. 이러한 조건을 고려할 때 고등법원이 들어선다면 서구는 인천 발전의 중심축이 될 수 있고, 주민들 또한 누구보다 이를 간절히 원하고 있다는 사실을 전했다. 설치 장소로 루원시티가 가장 적합하다는 근거도 제시했으며, 개그맨 김종국 씨가 유치위원장을 맡아 힘을 보태고 있다는 점을 함께 덧붙였다.

그 무렵 지지율이 가장 높았던 유정복 후보가 인천고등법원 설치를 공약으로 내세운다면 다른 후보들 또한 이를 따르리라는 생각이 들었다. 단순한 약속을 넘어 정책경쟁이 본격화할 것이고, 후보들은 자신의 역량을 증명하려 치열하게 나설 수밖에 없을 것이었다. 인천고등법원 설치는 여야를 가리지 않고 인천

시민 모두의 삶과 직결된 과제였기 때문이다.

결국 그 선거에서 유정복 후보가 당선되었다. 그의 공약을 살펴보면 인천에 대한 애정이 묻어났고, 제물포 르네상스를 비롯한 구도심 재생 구상에서는 일하고자 하는 정치인의 열망이 고스란히 전해졌다. 그래서 나 역시 그의 당선을 반겼다. 무엇보다 인천고등법원을 반드시 실현해 주리라는 기대 때문이었다.

그 기대에는 나름의 근거도 있었다. 그는 이미 6기 시장 시절, 인천지방변호사회와 함께 서울고등법원 원외 재판부를 만든 경험이 있었다. 당시 시민 서명 10만 부를 모아 대법원과 법원행정처를 직접 찾아가 뜻을 전했고, 결국 성과를 끌어냈다. 이번에도 그 경험을 살려 국회와 정부를 설득해 줄 것이라 여겼다.

물론 이번 과제는 단순한 규칙 개정이 아니라 국회 입법이 필요한 사안이어서, 원외 재판부 설치 때보다 훨씬 어려울 것이 분명했다. 그렇기에 시장 혼자 해낼 수 있는 일이 아니었다. 인천지역 국회의원들을 설득해 그들이 국회 내에서 다른 의원들을 움직이도록 해야 하고, 시민들에게 적극적으로 알릴 수 있는 프로그램과 홍보 전략도 필요했다. 아울러 변호사회와 시민단체와의 협력 역시 빼놓을 수 없는 부분이었다.

돌이켜보면, 당시 나는 앞으로 2년이 인천고등법원 유치를 위한 황금 같은 시간이 될 것이라 믿었다. 만약 이 기회를 놓친다면 다음 국회를 기다려야 했고, 그 과정에서 또다시 4년이 흘러갈 터였다. 법안이 통과되더라도 실제 설치까지는 3~4년이 걸리니, 이번 선거에서 인천 시민이 기대했던 약속은 반드시 지켜져야 했다. 그래서 정치적 당파를 떠나 인천고등법원 유치를 위해 뛰는 사람을 지지하고 돕기로 마음먹었다.

실제로 그는 인천시장이 된 이후, 국회를 직접 방문하여 법제사법위원장 등에게 인천고등법원 설치법안을 조속히 처리해 달라고 요청했다. 또, 행정체제 개편과 연계하여 법안 통과를 촉구하며 정치권 설득에도 일관된 노력을 기울였다. 그리고 2023년 시작된 100만 서명운동도 유정복 시장이 아니었다면 실행하기 어려웠을 것이다.

그가 회장이 되어 다행이다

2022년 12월 13일, 인천지방변호사회 제22대 회장 선거가 있었다. 그날 안관주 변호사가 당선되었다. 전체 668명의 회원 중 401명이 투표에 참여했고, 안 변호사는 271표를 얻어 130표를 얻은 상대 후보를 큰 격차로 누르고 회장에 올랐다. 절반을 훌쩍 넘는 득표율이었다. '이제 좀 달라져야 하지 않겠느냐'는 다수의 마음이 그에게 모인 셈이었다.

나는 그 결과가 무척 반가웠다. 정말이지 다행스러운 일이다. 안관주 변호사는 그 이전부터 인천고등법원 설립을 위해 누구보다 앞장서 왔다. 부회장이던 지난 회기에는 인천고등법원 설립추진위원장을 맡아 국회 앞에서 1인 시위를 벌였고, 인천시와 국회가 함께 주최한 세미나에서도 개회사를 통해 고등법원 설립의 필요성을 강조했다. 회장이 되기 전부터 이미 그는 그 역할을 하고 있었다.

또한 선거공약에서도 인천고등법원 설립을 최우선 과제로 내세웠다. 인천시와 협력해 국회를 설득하고, 시민 100만 명의 서명을 모으는 운동을 펼치겠다는 포부도 밝혔다. 말뿐이 아니었다. 누구보다 성실하게 움직였고, 가장 꾸준하게 목소리를 냈다. 나는 믿었다. 인천고등법원 설립에 관해서만큼은 안관주라는 사람이 누구보다 진심이라는 것을.

나 역시 그와 함께 여러 자리에 나섰다. 세미나, 거리 시위, 국회의원 사무실에도 동행했다. 함께 명함을 내밀고, 설득하고, 때로는 간곡히 호소했다. 우리는 서로 말하지 않아도 같은 방향을 보고 있다는 것을 느낄 수 있었다.

그는 고등법원이 단지 '있는 것이 좋다'는 수준의 기관이 아니라, 인천의 사법 기능을 바로 세우고 후배 변호사들이 더 넓은 시장에서 설 수 있게 하는 인프라라고 생각했다. 나 역시 그 생각에 전적으로 동의했다. 인천의 중요한 사건들이 왜 서울로 흘러가야 하는가. 고등법원이 없기 때문이다. 그 구조를 바꾸지 않는 한 인천의 사법 환경은 늘 바깥을 중심으로 돌아갈 수밖에 없다. 그래서 우리는 믿었다. 인천고등법원은 단순한 기관 하나의 신설이 아니라, 지역 사법주권을 제자리에 되돌리는 일이라는 것을.

회장이 된 이후, 그는 주저하지 않았다. 말하자면 액셀러레이터를 힘껏 밟은 셈이었다. 말보다 더 빠르게 움직였고, 더 넓게 뛰었다. 그리고 나도 그 옆에서 기꺼이 죽을힘을 다해 도울 수 있었다. 그 무렵 한국 축구대표팀이 월드컵에서 16강에 오르며 '끝까지 포기하지 않는 마음'이라는 표현이 유행처럼 번지고 있었다. 우리는 그 말을 자주 입에 올리곤 했다.

맞다. 꺾이지 않는 마음.

그 마음이 없었다면 시작도 하지 못했을 것이다.

안관주 회장과 나는 그 마음으로, 그리고 같은 뜻을 가진 수많은 동료 변호사와 함께 인천고등법원 설립을 현실로 만들기 위해 다시 걷기 시작했다. 돌이켜보면, 그날 그의 당선은 단지 한 명의 회장이 선출된 데 그치지 않았다. 그것은 인천이 오랜 시간 미뤄온 과제를 함께 풀어가겠다는 첫 약속이었고, 마침내 변화를 위한 발걸음이 구체화 되는 순간이었다.

인천고등법원 설치는 원팀 정신의 '추진위원회' 구성부터

인천고등법원 설치는 제8대 유정복 인천시장의 공약이기도 하지만 더불어 민주당 인천지역 국회의원들의 공약이기도 했다. 최근 국회의원회관에서 '2022 인천지역 국회의원 정책간담회'가 인천시장을 포함한 인천지역 국회의원들이 참석한 가운데 개최되었다. 참석자들인 인천지역 국회의원들과 인천시 관계자들은 인천지역 국비 예산 확보와 주요 현안 사업 해결을 위해 다양한 의견교환 및 협의를 진행했다. 그중에서 인천의 현안으로 인천의 미래 발전과 경제도약을 위하여 인천고등법원의 설치가 꼭 필요하다는 점을 재차 확인했다. 참석자들은 인천의 현안 사업 해결을 위해 필요한 국비를 확보하고 정부 지원 정책을 끌어내기 위해 협의를 계속 진행하기로 했다. 한마디로 인천의 발전을 위하여 여야가 협력하여 원팀(one team) 정신을 발휘하겠다는 뜻이다.

인천은 인구가 300만에 이르는 우리나라에서 두 번째로 큰 광역시이지만 고등법원이 부재한 도시다. 인천 시민의 사법권 보장과 지방 균형을 위해서도 인천고등법원의 설치가 필요하다는 주장은 오래되었고, 인천 시민들 또한 90% 이상이 인천고등법원의 설치를 원하고 있다. 이러한 결과는 인천지방변호사회의 인천 시민들 1천600명에 대한 설문조사와 각 언론기관의 기사에서도 확인된다. 인천고등법원이 설치되지 않아 인천 시민들의 헌법상 권리인 신속한 재판을 받을 권리와 평등권도 심하게 훼손되었다는 주장으로 헌법재판소에 300명의 시민 명의로 헌법소원까지 제기된 상태이다. 이러한 위헌적 상황을 해소하기 위해서는 시급히 인천고등법원 설치가 이루어져야 한다. 그러나 인천고등법원을 설치하는 내용의 입법이 발의된 지 3년째 아무런 진전 없이 지지부진하다. 이러한 상황을 해결하기 위해서 우리는 더 많은 노력을 하지 않을 수 없다.

인천은 수원고등법원의 설치과정에서 매우 많은 시사점을 얻을 수 있다. 수원 시민들은 2010년 '경기고등법원 유치 범도민추진위원회'를 발족하였고, 2011년 수원시와 경기중앙지방변호사회가 '법원 수원 유치를 위한 협약'을 체결하여 유치 활동을 전개했다. 또한, 2011년 수원시의회가 '고등법원 수원 설치 촉구건의문'을 채택하기도 했다. 2011년 5월부터 같은 해 12월까지 고등법원 유치 서명운동을 전개하여 수원을 비롯한 경기도 주민으로부터 100만 이상의 서명을 받아냈다. 2013년 수원시장, 경기도지사, 경기중앙지방변호사회장, 아주대 법학전문대학장이 함께 '고등법원 수원 유치 공동건의문'을 당시 박근혜 대통령 인수위에 전달하였고, 2013년 '고등법원 설치 원 시민운동본부'를 구성했다. 이러한 노력의 결과로 2014년 2월 수원고등법원 설치를 내용으로 하는 「각급 법원의 설치와 관할구역에 관한 법률」이 국회 본회의를 통과해 수원고법 및 수원고검 개원이 확정되었고, 2019년에 마침내 개원했다. 수원고등법원이 들어선 수원 광교는 법원 설치로 인한 혜택을 많이 보아 해당 지역은 눈부시게 변했다.

이미 발의된 인천고등법원 설치법안이 조속히 통과될 수 있도록 이제는 인천고등법원 추진위원회가 만들어져야 한다. 수원시의 사례와 같이 상임추진위원장은 인천시장이 맡고, 추진위의 공동위원장으로서 부천시장, 김포시장, 인천시의회 의장, 인천지방변호사회 회장, 인하대 법학전문대학장, 시민단체 대표, 지역 언론 대표, 인천시 교육감 등이 참가하는 추진위가 만들어져야 한다. 그리고 추진위원회는 인천고등법원 설치에 대한 서명을 인천고등법원의 관할인 인천, 부천, 김포 시민들로부터 받고 그 서명과 추진위 명의의 촉구건의문을 정부와 국회, 대법원에 제출하여야 한다.

인천시가 이러한 활동을 법조계를 비롯한 시민단체와 협력하여 진행한다면 충분히 가능하다. 이러한 노력으로 인천고등법원 설치법안이 통과되어 개원한다면 이것이야말로 인천 원팀의 정신으로서 인천 발전을 위하여 인천의 시민과 정치계가 단합한 사례로 기록될 것이다. 인천 전체가 단합하여 인천고등법원 설치를 이루어냄으로써 인천이 지역 정체성을 가지고 발전할 수 있는 계기가 되기를 진심으로 바란다.

100만 송이 꽃을 피우듯

2023년 2월 1일, 인천지방변호사회 인천고등법원 유치특별위원회의 위원장을 맡게 되었다. 인천고등법원 유치를 위해 그 누구보다 앞장서야 하는 자리였다. 나 자신을 다잡기 위해 사무실 창문 위에 긴 플래카드를 걸었다.

'나는 인천고등법원을 유치하는 변호사다.'

일이 뜻대로 풀리지 않을 때마다 그 문장을 올려다보며 각오를 다졌다. 사실 이런 각오가 절실히 필요했던 순간이 많았다. 처음 인천고등법원 유치 활동을 시작했을 때 1인 시위도 하고, 기자회견을 열고, 거리 캠페인까지 벌였다. 그러나 시간이 흐르면서 점점 더 분명해졌다. 이런 방식만으로는 부족하다는 사실을.

심지어 '사법 서비스의 형평성'이라는 분명한 명분조차 힘을 발휘하지 못했다. 시민단체, 언론, 관료조직, 정당, 변호사 단체까지. 이름만 다를 뿐 모든 조직은 결국 자기 이익이 개입되어야 움직이는 구조였다. 공공의 가치를 내세운 일이라도 그것이 그들에게 어떤 '이득'이 되는지를 보여주지 못하면 절대 행동하지 않았다. 이해가 없으면 무관심했고, 이해가 분명하면 때로는 놀라우리만큼 신속히 반응했다.

'그래도 세상에 대해 꽤 안다고 생각했는데……. 사실은 잘 모르고 있었구나.'

변호사로 수많은 사람을 만나며 오십을 바라보는 시기였는데도 마찬가지였다. 그렇다고 해서 사람에게 실망했다는 뜻은 아니다. 저마다의 이유가 있고, 어떤 판단이든 그 안에 삶의 맥락이 있다. 그렇게 생각하면 인천고등법원 유치 운동은 오히려 다행이었다. '형평성 회복'이라는 사회적 설득력은 물론, 정책적·정치적으로도 일정한 이익이 되기에, 이 주제는 조용히 사라지지 않고 일정한 에너지를 유지할 수 있었기 때문이다.

나는 이 에너지를 지속시킬 방법의 하나로 '100만 서명운동'을 제안했다. 처음엔 50만을 제안했으나, 인천 인구가 300만이니 그 인구의 3분의

1인 100만 명이 좋겠다는 생각을 한 것이다.

"100만이라고? 너무 많잖아. 언제 서명을 다 받아?"

일부는 회의적이었다. 현실적으로 쉽지 않을 거라는 말도 있었고, 과거 인천시립대를 인천국립대로 전환할 당시 진행했던 '100만 서명운동'과 비교하는 사람도 있었다. 그때는 대학생들이 주도적으로 참여했고, 교육 현장을 통해 대규모로 서명을 받을 수 있었지만, 고등법원 서명운동에서는 그런 접근이 불가능했다.

그래, 어려울 수 있다. 하지만 수원도 해낸 일이다. 수원에서는 고등법원 유치를 위해 100만 송이의 꽃을 피우듯 100만 명 넘는 서명을 받아냈다. 그 숫자는 정치권을 압박하는 실질적인 힘으로 작용했다. 정치인에게 '100만 명'은 결코 무시하기 어려운 숫자다. 한 지역의 시민 100만 명이 한목소리를 낸다는 건 곧 표심과 연결되는 일이다. 다음 선거를 생각하는 정치인이라면 외면할 수 없는 요구였다. 그러니 한 번쯤은 해볼 만한 싸움이었다. 그렇기에 100만 서명운동을 제안한 것이다. 이때가 2021년 5월 즈음이었다. 하지만 서명운동이 시행된 건 그로부터 2년이 지난 2023년 5월이었다.

✔ 100만 송이의 서명을 피우다 (1)

2023년 4월 10일, 인천시 시민연합과 인천지방변호사회, 인천고등법원 서명운동 협약 체결.

2023년 4월 12일, 인천광역시 총연합회와 인천지방변호사회 협약 체결.

2023년 4월 24일, 인천고등법원 유치 범시민 추진위원회 출범식.

2023년 6월 10일, 인천사랑 걷기대회에서 서명을 받다.

2023년 6월 13일, 인천고등법원 범시민 서명운동.

2023년 6월 19일,
인천지방변호사회와 인천시민연합의 인천고등법원 유치 서명운동 협약 체결.

2023년 7월 1일, 송도달빛축제공원역에서 열린 어린이 축제에서 서명을 받다.

2023년 7월 4일, 김교흥 국회의원 인천고등법원 설치 건의.

✔ 100만 송이의 서명을 피우다 (3)

2023년 7월 4일, 신동근 국회의원 인천고등법원 설치 건의.

2023년 8월 17일, 인천 서구 시민들의 서명운동.

2023년 8월 29일, 100만 서명운동 서명부 전달식 개최.

2023년 11월 28일, 인천고등법원 설치 국회정책토론회.

흐려진 목표,
그러나 의외의 효과

애초 내가 제안한 100만 서명운동의 목적은 단 하나였다. 인천고등법원 유치. 입법을 통해 해결해야 할 구체적 과제였고, 시민의 권리를 바로 세우기 위한 상징적인 목표이기도 했다. 그런데 어느 순간 이 서명운동의 방향이 조금씩 흐려지기 시작했다. 인천시가 운동의 의제를 확장해버린 것이다. 정확히 말하자면, APEC(아시아·태평양 경제협력체) 정상회의 유치, 해사법원 설치, 그리고 인천고등법원 설치, 이 세 가지 모두를 하나의 캠페인으로 묶어 '100만 시민 서명운동'이라는 이름 아래 통합해버렸다.

나는 처음에 의구심을 품었다.

"이건 버킷리스트냐?"

요구가 많아질수록 중심이 흐려진다. 정작 인천 시민이 가장 간절히 바라는 것이 무엇인지가 모호해질 수밖에 없다. 열망을 다 담는다고 다 이뤄지는 것도 아니다. 무엇보다 시기상 입법이 시급한 인천고등법원과 해사법원이 먼저 논의되어야 하고,

APEC 유치는 연말에 결정되는 외교 일정에 따라 간접적 로비를 거쳐야 한다. 그렇기에 나는 지금이라도 선택과 집중이 필요하다고 주장했지만, 그 주장은 받아들여지지 않았다.

그런데 막상 뚜껑을 열어 보니, 100만 서명운동에 세 가지를 묶은 효과도 있었다. 세 가지 과제를 '시민의 종합 요구안'으로 제시하자, 인천시가 예산을 투입하며 운동을 주도하기 시작한 것이다. 동마다 플래카드가 내걸렸고, 아파트 단지 곳곳에는 안내문이 붙었다. 통·반장이 직접 현장에 나섰고, 성과가 필요한 행정조직도 조직적으로 움직였다. 이러한 분위기는 서명을 받는 우리 같은 활동가들에게도 큰 힘이 되었다.

나도 시간이 날 때마다 인천 곳곳을 돌았다.

서구의 공원, 부평의 지하상가, 연수구의 문화센터, 송도의 해양캠퍼스 광장, 간석역과 주안역 앞 거리까지 사람이 오가는 어디든 나는 서명지를 들고 나섰다. 주민센터 행사장, 물놀이 축제장, 문화행사, 노인정 체험장, 심지어 비 오는 날 버스정류장 앞에서도 서명받았다. 우산을 같이 들어주며 종이와 펜을 건넨 적도 있다. 어떤 날은 행사장 한쪽에서 접이식 테이블을 펴고, 물병과 사탕을 놓아두고 사람들을 맞았다.

"이거 뭐예요?" 하고 다가오는 사람에게는 한마디로 설명했다.

"인천에도 고등법원이 필요하다는 서명입니다."

대부분은 바로 이해했고, 주저 없이 이름을 적었다. 이 모든 과정은 결코 '자발성'만으로 이뤄진 것은 아니었다. 뒤에는 시의 예산이 있었고, 물품 지원이 있었고, 행정조직의 관리 시스템이 있었다. 통장들이 월급을 받으며 실적을 내야 했고, 담당 공무원들도 정기적으로 보고를 올려야 했다.

100만 명의 서명은 그렇게 단순한 열정만으로는 결코 만들어낼 수 없는 구조 안에서 하나하나 쌓여갔다. 그 과정에서 나는 중요한 사실 하나를 깨달았다.

'시민의 뜻을 모은다는 것은 이렇게 다양한 동력들이 함께 움직일 때 비로소 가능해지는 일이구나.'

✔ [기고] 인천일보. 2023년 8월 13일

국회, 인천 시민 100만 인천고등법원 유치 서명 의미 알아야

인천고등법원 유치를 위한 인천 시민의 서명운동이 시작된 지 3달 만에 100만 명이 넘었다. 참으로 감격스러운 일이 아닐 수 없다. 인천을 포함한 부천, 김포시민들의 사법주권 보장과 사법 서비스 개선을 위해 인천고등법원을 유치해야 한다는 주장은 오랫동안 제기돼 왔다. 이러한 주장에도 제21대 국회는 인천고등법원 설립을 위한 법안의 통과에 대해 미적거리고 아직 법안 심사도 하지 않았다. 우리나라 3대 도시이자 인구 300만 명이 넘는 인천에 대한 홀대치고는 너무 심했다. 그래서 인천 시민들은 인천고등법원 설립을 위한 서명운동을 통해 3개월이라는 단기간에 100만이라는 숫자로 국회에 인천고등법원을 설치하라는 의사를 표시했다.

인천고등법원 유치를 위한 서명운동에 인천 시민들이 적극적으로 나선 이유를 국회와 정부는 반드시 알아야 한다. 300만 명 인구인 인천에서 100만 명 서명운동이 가능했던 이유는 그만큼 인천이 도시 규모에 비해 다른 광역시와 다르게 차별을 받아왔기 때문이다. 도시 발전에 따른 적정한 사회적 인프라 공급은 필요하다. 인천의 경제적·사회적 지위가 높아지고 있음에도 사법 분야를 포함한 많은 분야에서 인천은 수도권에 있다는 이유로 차별을 받았다. 그러나 이러한 차별은 이미 인천 시민들이 받아들일 수 있는 수인한계를 넘어서고 있다. 이것은 반드시 고쳐지고 달라져야 한다. 그래서 그 시작은 감히 인천고등법원 설치라고 주장한다.

우선 필자는 인천고등법원 유치 인천 시민 100만 명 서명을 인천고등법원을 설립하라는 주권자 명령으로 봐야 한다고 주장하고 싶다. 헌법 제1조 제2항은 대한민국 주권은 국민에게서 나온다고 규정하고 있다. 국민이 직접 입법하지 못하는 간접 민주주의 국가에서 국회의원은 국민 의사에 따라 입법을 해야 한다. 국민은 집회나 시위를 통해 정치적 의사를 표시하지만, 서명운동을 통해서도 정치적 의사를 표시할 수 있다. 국민의 집단적 의사 표명은 국민 대표자인 국회의원에 대한 명령이라고 볼 수 있다. 그래서 국회의원들은 이러한 국민 의사를 받아들이고 적극 입법을 해야 할 의무가 있다.

이번 인천고등법원 유치를 위한 인천 시민 서명운동은 인천 시민이 한 사안에 대해 단합했다는 의미도 크다. 정치적으로 견해를 달리하는 개인들과 단체들도 인천고등법원 설립에 대해서는 한목소리를 냈다. 인천 발전을 위해서 꼭 필요한 국가기관 설치는 그 누구도 이의를 달지 않았다. 인천 시민들이 단일한 의사를 표시하고 행동하는 것은 인천 시민 전체의 단합을 위해 매우 좋은 사례이다. 이번처럼 인천 시민들이 일정한 정치적·사회적 사안에 대해 단결된 목소리를 냈다는 것은 앞으로도 인천이 인천 발전을 위해 단결할 수 있다는 것을 보여준다. 그 밖에도 인천이 포용 도시라는 점에서 많은 이해관계자의 문제를 해결하기 위해서 높은 수준의 사법기관이 필요하다는 인식도 확산했다. 인천은 외지에서 온 사람들도 많지만, 외국에서 온 외국인들도 많이 살고 있다. 300만이라는 인구 속에서 다양한 관계를 조절할 수 있는 고등법원이야말로 필요한 국가기관이라고 할 수 있다.

그래서 우리는 이번 인천 시민 100만 명 서명운동을 통해 인천고등법원이 반드시 설립될 수 있도록 끝까지 노력해야 한다. 국회와 정부는 인천 시민들의 간절한 요구를 거절해서는 안 된다. 정치인들이나 관료들은 인천 시민들의 전체 의사를 반드시 귀담아듣고 이를 실행해야 한다. 그리고 인천 시민은 이러한 의사를 계속 견지함으로써 인천 발전을 위한 한 단계를 넘어 더 경제적·사회적·문화적으로 수준 높은 도시가 될 수 있도록 단합해야 한다. 인천 시민은 위대하기에 그 의지를 계속 가져간다면 세계 10대 도시의 주인이 될 수 있을 것이다.

110만 서명운동과 순례길 학교

　인천고등법원 유치를 위한 인천 시민의 서명운동이 시작된 지 불과 석 달 만에 서명 수는 110만을 넘어섰다. 놀라운 속도였다. 이는 인천 시민들이 얼마나 적극적으로 이 문제에 응답했는지를 보여주는 지표였고, 동시에 인천고등법원 설립을 촉구하는 주권자의 명령이기도 했다.

　대한민국은 간접 민주주의 국가다. 국민이 직접 법을 만들 수는 없지만, 입법 권한을 위임받은 국회의원은 국민의 뜻에 따라 법을 만들 책임이 있다. 국민은 집회나 시위뿐만 아니라, 서명운동을 통해서도 정치적 의사를 표현할 수 있다. 100만 명이 넘는 시민의 서명은 그 자체로 국회의원들에 전달된 하나의 '입법 명령'이라 할 수 있다. 당시 나는 그렇게 믿었고, 지금도 그 믿음은 변함없다.

　하지만 현실은 단순하지 않았다. 100만 명의 서명이 모였다고 해서 일이 착착 풀리는 건 아니었다. '되어야 한다'라는 명분과 '실제로 되는 것' 사이에는 늘 틈이 있다. 이번 서명운동도 그랬다. 인천은 결국 APEC 개최지로 선정되지 못했고, 해사법원 설치 역시 여전히 진척이 없는 상태다. 그런데도 내가 쉽게 희망을 놓지 못했던 이유는 분명했다. 이 서명운동의 핵심은 어디까지나 '인천고등법원 유치'였고, 그 법안은 아직 국회에 살아 있었기 때문이다. 인천 시민들의 압도적인 의지를 확인한 지금, 너무 일찍 비관할 필요는 없다고 생각했다.

그런데도 몇 번이나 실망했고, 몇 번이나 마음을 추슬러야 했다. 되는 줄 알았는데 다시 멀어지고, 조금만 더 하면 될 것 같은데 또 막히는 반복 속에서 문득 이런 생각이 들기도 했다.

"이제 나는 발을 빼야 하나? 지금까지도 충분히 했고, 다행히 이제는 나보다 더 열심히 하는 사람들도 많은데⋯⋯."

무엇보다 나 자신에게도 여유를 주고 싶었다. 그동안 미뤄두었던 공부도 다시 시작하고 싶었고, 내가 만든 '순례길 학교'에 더 많은 에너지를 쏟고 싶었다.

순례길 학교는 2019년 3월, 인천 남구 학익동에서 내가 처음으로 시작한 모임이다. 순례길 학교의 설립 취지는 단순하다. 우리나라에 새로운 걷기 문화를 만드는 것이다. 이미 전국엔 수많은 둘레길과 산길이 있고, 걷기를 즐기는 모임도 많다. 걷는 행위 자체는 더는 특별하지 않지만, 그 속에 철학과 이야기, 기억과 의미를 입힌다면 걷기는 전혀 다른 차원의 경험이 될 수 있다고 믿었다.

나는 이 걷기를 통해 사람들과 삶을 나누고, 역사를 다시 보고, 내 안의 질문에 답하고 싶었다. 그러한 작업을 순례길 학교라는 이름 아래 하나씩 쌓아가고 있었다. 목표는 명확했다. 2030년, 순례길 학교가 한국의 대표적인 걷기 학교로 자리 잡고, 내가 '한국형 순례길'을 개척한 사람으로 기억되기를 바랐다.

그 길을 가려면 책도 써야 하고, 길도 더 많이 걸어야 하며, 강의도 해야 한다. 하지만 지금은 여전히 인천고등법원 유치에 발이 묶여 있다. 돌아서기엔 너무 멀리 와 버렸고, 조금만 더 하면 될 것 같은 희망이 여전히 내 발목을 잡고 있기 때문이다.

내가 마주한 국회의 본질

아무리 인천 시민들이 고등법원 유치의 필요성을 절감하고 있다 하더라도, 접근 방식이 잘못되면 그 염원은 결실을 보기 어렵다. 다른 지역에서도 법원 설치 요구가 이어지고 있는 상황에서, 인천만을 위한 고등법원이 정치적으로 특별 대우를 받기란 쉬운 일이 아니다. 결국 인천고등법원의 설치는 다른 지역의 동의와 양보 없이는 불가능하다.

여기서 말하는 동의란 단순한 허락이 아니다. 인천에 고등법원을 설치해주는 대신, 다른 지역의 요구를 일정 부분 수용하겠다는 정치적 결정을 의미한다. 그렇다면 우리는 다시 질문해야 한다.

과연 다른 지역의 의원들을 어떻게 설득할 수 있을까.

이 복잡한 입법 과정을 어떤 전략으로 통과해낼 수 있을까.

지금까지 나는 십수 차례 국회를 찾았다. 다녀올 때마다 느낀 것은 국회가 단순한 입법 기관이 아니라는 점이다. 각 지역 의원들의 이해관계는 제각각이고, 인천지역 의원들조차 한마음으로 움직이지 않는다. 하물며 다른 지역 의원들과의 간극은 말할 것도 없다. 결국 그들을 설득하려면, 그들이 얻을 수 있는 실익이 무엇인지 설명해야 한다. 입법의 문턱을 넘기 위해서는 정치적 명분뿐 아니라 현실적 이유를 제시해야 한다.

그래서 국회 안에서 인천고등법원이 계속 논의되도록 '자극'을 주는 일이 중요하다. 언론 보도를 통한 여론 형성은 그중 하나다. 실제로 정치권은 지역 언론의 움직임에 매우 민감하게 반응한다. 내가 '100만 서명운동'을 제안했던 것도 그 때문이다. 국민적 움직임이 클수록 정치인들은 그 안건을 무시하기 어려워한다. 최근 인천 시민들이 자발적으로 서명운동에 참여하면서 서명자 수가 빠르게 늘고 있는 것은 분명 긍정적인 신호다.

그러나 서명만으로는 입법되지 않는다. 입법은 감정이나 호소만으로 이뤄지지 않는다.

입법은 시스템이다. 어떤 의원이 핵심 위원회에서 법안을 다루는지, 어디에서 반대가 나오는지, 누가 침묵하고 있고 누가 설득 가능한지를 세밀하게 살펴야 한다. 시기 또한 중요하다. 법안 심사가 활발히 이뤄지는 시점을 정확히 짚어야 하며, 객관적인 자료와 논리를 바탕으로 설득력 있는 근거를 제시해야 한다.

인천고등법원의 필요성과 타당성은 이미 여러 차례 검토되었고, 통계로도 충분히 입증되었다. 하지만 그것만으로는 부족하다. 의원들이 이 법안을 '정치적으로 먼저 챙겨야 할 이유'를 느낄 수 있어야 한다. 그 정도까지 명분과 실리를 갖추었을 때, 비로소 논의가 시작되고, 시민들의 요구가 입법으로 이어질 수 있다.

이처럼 입법은 하나의 목표가 아니라, 끊임없이 움직이는 대상이다. 또, 시민들이 원한다고 해서 법이 만들어지는 것도 아니다. 법은 정교한 구조 안에서 설득과 조율, 그리고 정치적 타이밍 속에 만들어진다. 아무리 급하더라도 절차를 무시해서는 안 된다. 억지로 밀어붙인 법은 반드시 문제가 생긴다. 나는 인천고등법원 설치법안의 통과를 위해 고민하고, 발로 뛰고 있다. 그 과정에서 배우는 것도 많다.

무엇보다도 절실히 느끼는 것은 시민들의 관심과 꾸준한 목소리, 그리고 그 목소리에 귀를 기울이는 현명한 의원들의 역할이다. 이런 것들이 맞아떨어져야 입법이 완성된다. 이런 어려운 것을 하는 나는 미친 것이 아닌가 잠시 생각해보았다.

✔ [기고] 굿모닝 인천. 2023년 10월호

포용 도시 인천에서 시민의 단합된 힘을 확인한 110만 인천 서명운동

인천은 고려 시대 7대 어항으로 고려 왕비의 고향이었으나 조선 시대 작은 동네로 전락했다가 근대에 이르러 개항장이 생기면서 도시의 형태를 갖추기 시작했다. 인천은 개항 이후부터 전국 각 지역에서 다양한 이유로 사람들이 이주하기 시작했는데, 일제강점기에는 병참기지, 6·25전쟁 시에는 피란처, 산업화 시대에는 공업 도시로 일자리를 찾아 인천으로 몰렸다. 작은 포구를 시작으로 지금 대한민국의 3대 도시가 되는 과정에서 많은 사람이 인천을 삶터로 삼아 살기 시작했다. 이것이 포용 도시 인천의 성장 모습이다.

고향도 다르고. 하는 일도 다른 사람이 모여들어 살기 시작한 인천은 해방 후 급속히 성장한다. 인천은 바다와 하늘로 나아가는 대한민국의 관문이자 산업공단이 들어선 일자리가 풍부한 지역이다. 최근에는 송도와 청라를 중심으로 최첨단 산업인 바이오와 로봇 산업도 들어서고 있다. 인천이 살기 좋은 이유는 누가 뭐래도 풍부한 일자리다. 인천인들은 이곳에서 일하면서 자식을 키우고 자신의 삶을 켜켜이 채워나간다. 그러나 인천이 많은 사람이 모여 사는 포용 도시가 되어 좋지만, 반면 도시 규모가 갑자기 커지면서 여러 가지 문제가 생겼다. 통계적으로 보면 인천 인구가 200만을 넘어 300만이 되는데 20년이 채 걸리지 않았다. 인천은 간척 도시답게 최근까지도 공유수면을 메우면서 아파트를 짓다 보니 도시의 규모가 커졌다. 그래서 인천에는 시민들의 기본 수요를 담당하는 공공시설, 지하철 등 도시의 기반 시설이 교통시설, 대학 등 교육시설 등 도시의 기반 시설이 부족한 상황이다.

사람들이 도시에 사는 이유는 도시가 주는 편안함과 실용성 때문이다. 밀집된 공간에서 사람들과 교류하다 보면 많은 아이디어와 사업적 기회가 생긴다. 인천은 여느 도시보다 발전하고, 기회가 많은 도시이다. 이렇듯 도시가 발전하기 위해서는 도시의 성장에 필요한 기반 시설이 충분해야 한다. 인천 고등법원도 마찬가지로 시민들에게 꼭 필요한 기반 시설이다. 인천 시민은 도시 규모 확대에 따라 더 많은 것이 필요하다. 이번에 인천고등법원, 해사전문법원 등을 유치하기 위해 인천 시민 100만 서명운동을 전개한 것도 그런 이유다. 서명운동은 3개월도 되지 않아 110만이 넘는 인천 시민이 호응해 성공적으로 끝났다. 인천 시민 100만 서명운동을 시작할 당시에는 이러한 서명운동이 과연 성공할지 의문이었다. 인구 300만에서 100만 명은 남녀노소를 구분하지 않고 3명 중 1명은 서명을 해야 하는 어마어마한 숫자다.

그러나 막상 시작하고 보니 인천 각 지역의 지자체, 시민단체, 공공기관 등에서 서명운동을 꼭 해야 한다는 말이 돌기 시작했다. 각 아파트 엘리베이터마다 서명지가 놓여 있고, 공공기관 출입문 앞에도 비치되어 있었다. 시민들은 바쁜 가운데 간절한 마음을 담아 서명지마다 정성스럽게 유치 서명을 해주셨다. 그래서 짧은 시간 내에 인천고등법원, 해사전문법원, APEC 유치를 위한 서명운동은 성공적으로 마무리되었다.

인천 시민 서명운동이 성공적으로 끝난 이유는 각 지역에서 인천으로 온 사람들이 인천이라는 도시에 융합되어 살기 시작하고, 그 안에서 인천인이라는 아이덴티티가 만들어져 인천에 대한 애정이 생겼기 때문이라고 생각한다. 그들은 우리가 알고 있는 기존의 인천인이 아닌 새로운 인천인이다. 새로운 인천인은 다름을 인정하고 새로운 것을 인정하는 넓은 마음을 가진 인천인이라고 할까. 이번 서명운동의 성공은 이렇게 인천에 대한 사랑을 품은 시민들의 단합을 보여주는 좋은 사례다. 우리 인천 시민들이 이렇게 인천 발전을 위해 단합된 모습을 보여준 것은 상당히 멋진 일이다. 그래서 필자는 서명운동에 동참한 인천인들의 희망 사항들이 꼭 이루어질 것이라고 굳게 믿는다.

인천고등법원 유치를 위한 국회 앞 시위

인천고등법원 유치를 위한 2차 국회 앞 시위를 하였습니다. 오늘은 인천시
의회 허식 의장님과 이단비 시의원님이 참석하여 뜻을 같이해 주셨습니다.
그리고 인천시민연합 주경숙 대표님, 정관용 대표님도 같이 해 주셨습니다.
날씨는 추웠지만, 인천고등법원 설치를 위한 열의는 모두 뜨거웠습니다.

또 계류되는 건가?

2024년 2월 초, 인천고등법원 설치법안이 국회 법사위 제1소위원회에 상정된 지 꽤 되었지만, 정작 논의는 한 발짝도 나아가지 못한 채 그대로 멈춰 있었다. 회의는 열리지 않았고, 안건은 심의되지 않았고, 우리는 그저 시간만 보냈다.

12월부터는 논의가 재개될 것이라는 말도 있었지만, 이미 두 번이나 연기되었고, 그때마다 우리는 법사위 일정표만 바라보며 기다릴 수밖에 없었다. 어떤 날은 조용한 낙담이 있었고, 또 어떤 날은 막연한 분노가 고개를 들었다.

그 사이 일부 언론에선 벌써 법안이 폐기 절차를 밟는 듯한 기사를 내보냈다. 정부의 협조가 없다는 이유였다. 그러나 나는 그 이면을 의심하지 않을 수 없었다. 혹시 인천고등법원 설치를 반기지 않는 누군가가 여론을 슬쩍 방향 지우려는 것은 아닐까.

물론 국회 일정은 끝나지 않았다. 제21대 국회엔 여전히 몇 번의 임시회가 남아 있고, 법사위 역시 여전히 열릴 수 있다. 소위 개최는 결국 정치권의 합의에 달린 일이다. 뜻만 있다면 언제든 열릴 수 있는 자리다.

그렇다고 해서 이 일이 지역의 자존심 문제로만 축소될 일은 아니다. 인천고등법원 설치는 감정도, 상징도 아닌 철저히 제도와 수치의 문제다. 인천지방법원이 다루는 항소심 사건 수는 이미 대전이나 대구고등법원을 넘어섰다. 단순 건수만이 아니다. 인천의 사건은 소가도 높다. 복잡하고 큰 사건들이 모이고, 처리되어야 할 분쟁이 그만큼 많다. 통계로만 보면 인천고등법원은 전국에서 다섯 손가락 안에 드는 규모가 될 수 있다. 광주보다 많고, 부산과도 맞먹는다. 이쯤 되면 왜 필요한지를 따지기보다는, 왜 그동안 없었는지를 물어야 하는 상황이다.

그 사이 인천은 수많은 시간과 사람의 힘을 모아 이 문제를 제기해왔다. 2013년, 시민 110만 명이 서명했고, 2019년부터는 보다 조직적인 유치 운동이 시작되었다. 나는 그 과정 하나하나를 기억하고 있다. 거리로 나섰던 날들, 법원행정처 관계자와의 긴 대화들, 토론회와 간담회, 말 한마디에 담긴 진심을 설득력으로 바꾸기 위해 밤새 고쳤던 문장들. 그러니 이 일에 대해 "아직 준비가 부족하다", "재정이 부담된다", "정치력이 약하다"는 말들이 반복될 때마다 나는, 이 말들이 실은 하지 않으려는 사람들의 익숙한 방식임을 안다. 할 수 없다는 것이 아니라 할 생각이 없는 것이다.

인천고등법원은 누구의 업적이 될 일이 아니다. 특정 정당의 성과도 아니다. 이것은 인천 시민 모두가 오래도록 품어온 당연한 요구이고, 마땅히 보장받아야 할 사법주권이다. 정당한 권리를 합리적인 방식으로 오랜 시간 준비해온 끝에 이제 국회 앞에 내놓은 것이다. 이제 국회가 답할 차례다. 이번 회기 내 반드시 심의를 거쳐 본회의 의결로 이어져야 한다. 그 책임을 외면한 채 국회가 문을 닫는다면, 인천 시민은 그 선택을 분명히 기억할 것이다.

국회 앞에서의 삭발식

현대인들은 외모를 가다듬어야 할 일이 생기면 가장 먼저 머리부터 손본다. 머리 모양 하나만으로도 인상이 달라지고 분위기까지 바뀌기 때문이다. 머리는 그만큼 사람의 겉모습을 좌우하는 중요한 요소다. 게다가 나는 변호사라는 직업상 사람을 자주 만날 수밖에 없기에, 단정한 인상을 주기 위해 머리에 더욱 신경을 쓴다. 말보다 인상이 먼저 전달되는 경우도 많으니, 그럴 때면 거울 앞에 서서 자연스레 머리부터 다듬는다.

하지만 조선 시대 사람들에게 머리카락은 지금처럼 인상이나 스타일을 가꾸는 도구에 그치지 않았다. 죄인이 아니고서야 함부로 머리를 자르는 일도 거의 없었다. 머리카락은 부모에게서 물려받은 신체 일부로 여겨졌고, 그것을 스스로 훼손하는 것은 곧 불효로 간주했다. 1895년 단발령이 내려졌을 때 수많은 백성이 머리카락을 자르느니 차라리 관직을 포기하겠다고 나선 것도 그 때문이다. 머리를 자른다는 것은 단지 외형의 변화가 아니라, 삶의 기반을 내려놓는 결단이었고, 어떤 단절을 감수하겠

137

다는 조용한 선언이기도 했다.

2024년 2월 13일, 나는 국회 앞에 다시 섰다. 인천고등법원 유치를 바라는 마음으로 시민단체와 함께 찾은 자리였다. 그날 루원시민연합의 정관용 대표님이 삭발을 결행했다. 준비된 의자에 앉은 그분의 어깨 위로 바람이 스치고, 전기바리깡 소리와 함께 머리카락이 하나둘 바닥에 떨어졌다. 사람들은 말을 아꼈다. 오히려 말이 없었기에 그 순간은 더 많은 이야기를 품고 있는 듯했다.

그 모습을 바라보며 나는 생각했다. 지금 이 시대에도 누군가는 머리카락을 자르는 일로 자신의 마음을 전하고 있다는 것을. 그것은 단순한 외모의 변화가 아니라, 원하는 바를 이루기 위한 의지와 포기하지 않겠다는 마음이기도 했다.

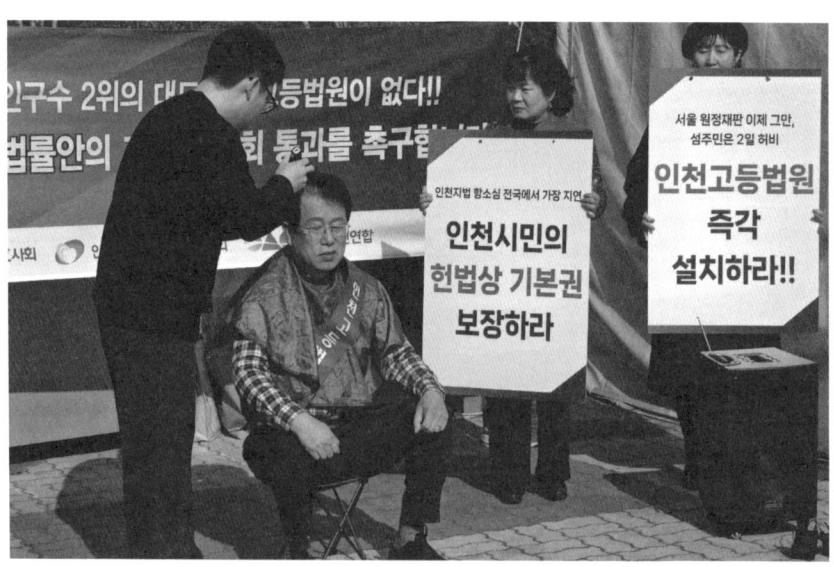

제21대 국회가 가기 전에

2024년 4월 제22대 총선을 앞둔 거리는 유난히 분주했다. 사방에는 형형색색의 현수막이 내걸렸다. 뉴스와 SNS는 매일같이 후보들의 이름과 공약을 앞다투어 내보냈고, 동네마다 유세 차량이 오가며 선거 분위기를 끌어올렸다. 후보자들은 각자의 공약을 내세우며, 저마다의 방식으로 표심을 얻고자 애썼다. 누구는 정권 심판을 외쳤고, 누구는 지역 발전을 약속했다.

그 무렵 제21대 국회는 끝을 향해 가고 있었다. 한 달 남짓의 시간이 지나면, 이 국회는 이제 '있었던' 국회로 기억될 것이다. 봄에 치러질 총선을 통해 300명의 새로운 국회의원들이 선출되고, 그들은 곧 새로운 민의를 품고 국회에 들어설 것이다.

그런데 아직 끝나지 않은 일이 있다. 적어도 내게는, 그리고 많은 인천 시민들에게는 아직 마무리되지 않은 숙제가 있다. 바로 인천고등법원 설치다. 국회는 민의를 반영하여 국가의 제도를 만들고, 국민의 권리와 의무를 법으로 정하는 곳이다. 법 하나가 국회를 통과하지 않으면 아무것도 바꿀 수 없다. 그래서 고등법원 설치처럼 단단한 제도 하나를 세우는 일조차 국회의 문턱을 넘지 못하면 그저 바람으로만 남는다. 이 바람은 인천에서 오래전부터 이어져 왔다.

2023년 110만 명이 넘는 시민들이 서명에 참여했다. 함께 이름을 적고 그 종이를 국회에 제출했다. 같은 해 12월, 국회에서는 인천고등법원 설치를 촉구하는 세미나도 열렸다. 의원회관 한쪽에 자리를 잡고, 많은 이들이 진심을 나누었다. 그날의 발언들, 그 눈빛들은 지금도 또렷하다. 그리고 2024년 2월, 국회 정문 앞에서는 한 시민단체 대표가 삭발을 감행했다. 그 순간의 결단은 이미 현장에 있던 이들의 마음에 깊이 각인되었고, 나 역시 그 무게를 잊기 어렵다.

지나온 걸음들을 떠올리면, 참 많이도 달려왔다. 때론 앞이 보이지 않았고, 또 어떤 날은 무력감에 한숨만 나올 때도 있었다. 하지만 그럴 때마다 '이건 나만의 일이 아니다'라는 생각이 다시 일으켜 세웠다. 이건 모두의 일이고, 모두의 권리라는 믿음이 지금껏 나를 밀고 왔다. 그렇게 열심히 달려왔기에 이제는 국회가 응답해주기를 바랐다. 그런데 제21대 국회는 결국 응답 없이 저물고 있었다. 그런데도 포기되지 않았다. 아직 한 달이 남았다. 인천고등법원 설립법안을 충분히 통과시킬 수 있는 기간이다.

해사법원은 핑계일 뿐

2024년 5월 7일, 인천고등법원 설립법안은 국회 법제사법위원회 소위원회 심사에서 보류되었다. 인천이 고등법원과 해사법원을 동시에 추진하는 것에 부산지역 의원들이 반발했기 때문이라고 한다. 그러나 인천고등법원 설치 요구는 430만 인천·부천·김포 시민의 '신속한 재판을 받을 권리'에서 비롯된 것이다. 현재 인천지방법원의 항소심 사건 수는 이미 대전고등법원이나 대구고등법원의 사건 수를 넘어선 상황이다. 그런데도 수도권에 있다는 이유, 서울과 가깝다는 이유만으로 인천에 고등법원이 설치되지 않았다. 이는 인천 시민을 차별하는 것이며, 헌법이 보장하는 재판받을 권리를 침해하는 일이다.

그리고 해사법원 설치 문제는 인천고등법원과는 전혀 별개의 사안이다. 해사법원은 전국 단위를 관할하는 특별법원이며, 인천이나 부산 모두에 설치될 수도 있고, 한 곳에만 설치될 수도 있다. 이는 정책의 영역이다. 그러나 인천고등법원은 명백히 지역 사법 서비스의 문제이며, 인천과 경기 서부지역 시민의 삶과 직결되는 사안이다. 그 범위와 성격이 전혀 다름에도 불구하고, 해사법원 논의를 인천고등법원 심사에 끌어들여 보류 결정을 내린 것은 부당하다. 이런 식의 접근은 인천 시민의 정당한 요구를 외면하는 것이며, 법안 심사의 기본 원칙에도 맞지 않는다. 그런데도 '인천이 해사법원까지 요구한다'는 정치적 해석 때문에 고등법원 설치법안이 가로막힌 건 정말이지 부당한 일이다.

인천고등법원 설립은 특정 지역의 이익이 아니라, 정당한 권리의 회복을 위한 것이다.

수도권이라 하여 고등법원이 두 개나 있는 서울과는 다르다. 서울과 인천 사이엔 행정, 사법, 생활권에 분명한 차이가 있다. 법원이 멀다는 이유로 항소를 포기하거나, 장거리 이동에 시간과 비용을 소모해야 하는 시민들이 여전히 많다.

이제는 이 불편과 불이익을 제도적으로 해결해야 할 때다. 하지만 22대 국회에서 다시 법안을 발의하고, 심사하고, 통과시키는 일은 결코 쉬운 일이 아니라는 것도 안다. 이미 수차례 발의되었다가 폐기된 전례가 있다. 그 과정에서 시민들의 염원도, 현실적인 동력도 반복해서 소진되었다. 무엇보다 안타까운 것은, 인천 시민의 권리문제를 다른 지역 의원들이 '정치적 이해'라는 틀 안에서 판단하고 있다는 점이다. 이 문제를 풀어낼 열쇠는 결국 인천을 대표하는 정치인들의 손에 달려 있다는 게 내 생각이다. 그러니 이제는 인천을 대표하는 정치인들이, 이 문제가 단순한 지역 이슈가 아니라 헌법이 보장하는 시민의 권리문제임을 분명히 인식해야 한다. 법안의 필요성과 정당성을 설득력 있게 설명하고, 다른 지역 의원들과도 끈질기게 대화하며, 끝까지 책임지고 이 과제를 밀고 나가야 한다. 정치란 결국 시민의 삶을 실질적으로 개선하는 일이기에, 이 사안에 대해 침묵하거나 미루는 것은 그 책임을 회피하는 일이다.

다시 일렁이는 불꽃

인천 언론에서 "인천고등법원 설치법안이 폐기 절차에 들어갔다"는 기사가 실리기 시작했을 때 마음 한편이 저렸다.

지난여름, 인천 시민들이 얼마나 뜨겁게 서명운동에 동참했는지를 기억한다. 뙤약볕 아래에서, 지하철 역사 안에서, 시청 광장에서……. 시민들의 손을 하나하나 붙잡으며 "인천에도 고등법원이 필요하다"라고 설명하던 순간들이 지금도 선명하다. 그렇게 모인 110만 명의 염원은 국회 법제사법위원회와 각 정당에 전달되었다. 그러나 결국 제21대 국회 임기 내에 법안은 통과되지 못했다. 법사위 소위에 안건으로 상정되기는 했지만, "시간이 부족하다"는 이유로 심의는 연기되었고, 논의는 끝내 흐지부지 흘러갔다. 인천 시민들에는 너무나 절실한 '민생법안'이었지만, 정작 국회 안에서는 그 절박함이 충분히 전달되지 못했다. 일부 언론의 지적처럼, 인천 국회의원들이 중앙정치와 공천 경쟁에 묻힌 채 지역 현안에 힘을 모으지 못한 것은 아쉬운 대목이다.

'각자도생'이 아니라 '공동의 대응'이 절실했던 시간이었다. 선거를 앞두고, 여야를 막론하고 인천의 후보자들이 인천고등법원 유치를 앞다투어 공약으로 내세웠다. 민주당도, 국민의 힘도 "반드시 추진하겠다"고 말했다. 그러나 나는 지금도 제21대 국회가 끝나기 전에 법안을 통과시켜야 했다고 믿는다.

22대 국회에서 처음부터 다시 발의하고 논의하려면 또다시 수년의 시간이 필요하다.

그 사이 인천·부천·김포 시민들은 계속 불편할 것이고, 110만 명이 모아낸 시민의 힘이 그만큼 다시 결집할 수 있을지도 장담하기 어렵다.

오랫동안 이 일을 붙들고 노력해온 나 역시 때로는 지친다. 국회를 향해 외치고 또 외쳐도 문이 열리지 않을 때, 허공을 향해 말하고 있는 듯한 허탈함이 엄습할 때도 있다. 그나마 다행인 건 혼자가 아니었다는 것이다. 시민단체와 언론, 인천시와 지방의회, 동료 변호사들, 그리고 나보다 먼저 이 길을 걸었던 분들이 함께해 주었다. 함께 걷고, 함께 분노하며, 함께 길을 열었다.

그런데도 여전히 정치권에서는 "인천은 힘이 없다"는 말이 흘러나왔다. 국가기관 하나, 그것도 고등법원 하나 제대로 만들지 못한 도시라는 낙인이 찍히는 현실 앞에서, 지역을 대표한다는 사람들이 제 목소리를 내지 못하고 서로 손을 잡지 못한다면, 시민들의 실망은 더욱 깊어질 수밖에 없다. 이번이 마지막 기회라는 각오로 임해야 했다.

그래, 아직 폐기되지 않았다. 그 사실 하나만으로도 나는 다시 걷고, 다시 이야기하고, 다시 요구할 것이다. 제21대 국회가 문을 닫기 전까지. 만

약 그마저도 불발된다면, 22대 국회에서 다시 시작하면 될 일이었다. 그러나 우리는 안다. 가장 좋은 길은 '지금' 통과되는 것이다. 그래야 시간이 아깝지 않고, 시민의 기다림이 헛되지 않으며, 그간의 노력이 진짜 의미가 있게 된다.

인천고등법원 유치는 21대에시는 끝났습니다. 22대에 다시 시작합니다

인천고등법원을 유치하기 위하여 제21대 국회 4년 동안 열심히 국회와 관련 기관들을 다니면서 노력했습니다. 인천고등법원 유치위원장이라는 타이틀이 부끄럽지 않도록 열심히 하였으나 한계를 느꼈습니다. 그러나 초기에 시작했을 때보다는 많은 인천 시민이 인천고등법원의 설치를 알게 되었고, 인천지역에 인천고등법원이 없다는 것을 분개하기 시작했습니다. 인천이 2대 도시로서의 위상을 가지기 위해서는 반드시 인천고등법원이 필요하다는 인식이 퍼지기 시작했습니다. 덕분에 인천 시민 111만 명으로부터 인천고등법원의 유치를 기원하는 서명까지 받아냈습니다.

그러나 인천지역 정치권의 전략 부재와 무능으로 말미암아 인천고등법원의 설치는 21대에 이루어지지 않았습니다. 어떤 정치인이 유치 운동을 열심히 하였고, 어떤 정치인이 유치 운동에 소극적이었는지는 잘 알고 있습니다. 정치인들 상당수가 열심히 일하고 있다는 것을 옆에서 보고 알게 되었습니다. 그러나 또 상당수의 정치인은 이름값을 하지 못하고 아예 활동도 하지 않았습니다. 우리 시민들은 정치인들의 활동이나 언행을 보고 철저한 판단을 해야 할 것입니다. 인천지역 중요한 사안에 대하여 열심히 하는 정치인은 키워주고, 그렇지 않은 정치인은 결코 당선시켜서는 안 됩니다.

21대의 인천고등법원 유치 운동은 법사위 소위에서 갑자기 해사법원 논의를 조건으로 하는 심의로 중단되고 말았습니다. 이러한 문제를 어떻게 해결해야 할지 인천은 고민해야 합니다. 21대에 인천고등법원 설치에 대하여 실패한 것에 대한 책임이 저에게도 있습니다. 그러나 유치 운동 과정에서 많은

것을 배우고 깨닫게 되었습니다.

22대에는 실패하지 않고 빨리 인천고등법원을 유치할 수 있도록 더 많은 노력을 해야 합니다. 실패에 대한 책임을 유치의 결과로 지고 싶습니다. 인천 변호사협회의 변호사님들도 더 설득하고 행동하도록 해야 할 것입니다. 우리 인천 시민들이 더 단합해서 인천시의 발전을 위한 조치들이 더 나오게 하여야 합니다. 저는 힘들어도 앞장서서 우리 인천의 발전을 위하여 노력하고 싶습니다. 첫 번째가 인천고등법원을 조속히 유치하는 것입니다.

22대 국회에서도 인천고등법원이 우선하여 처리되도록 할 것입니다. 우리 인천 시민과 인천 변호사님들이 힘을 실어주셨으면 좋겠습니다. 포기하지 않고 앞으로 나갈 수 있도록 해 주기 바랍니다. 큰일은 쉽게 이루어지지 않는다는 것을 알기에 포기하지 않고 계속 나아갈 것입니다. 중요한 것은 꺾이지 않는 마음이라는 것을 명심하기에!

인천시민연합과 인천지방변호사회가 함께 인천고등법원 유치 국회 앞 시위 하였습니다

오늘 오전 11시 반 국회 정문 앞에서 인천시민연합과 인천지방변호사회가 모여 인천고등법원 유치를 위한 시위를 하였습니다. 인천시민연합의 주경숙 대표님과 이시영 대표님이 참여해 주셨고, 인천지방변호사회의 안관주 회장님, 안정섭 공보이사님도 같이 해 주셨습니다. 국회 앞에서 올해 가을 두 번째 시위입니다. 지금 인천고등법원 설립법안이 국회에 계류 중인데 이번 회기에 꼭 통과되기를 기대합니다.

인천지방변호사회는 계속 릴레이 시위를 통하여 인천고등법원 법안 통과를 계속 국회에 요구할 생각입니다. 인천은 300만 도시이고, 지역 총생산이 서울 다음으로 많은 도시인데도 불구하고 고등법원이 없습니다. 인천 시민들은 재판하려면 서울까지 가야 하는 부담을 지고 있는데 빨리 인천고등법원의 설치로 그 부담이 사라졌으면 좋겠습니다.

나는 인천고등법원을
유치하는 변호사다!

인천고등법원의
시대

3

인천고등법원의 유치로 인천의 법률 문화는 높아질 것이다.
인천에 있는 로스쿨의 학생 수도 늘어날 것이고,
인천에서 활동하는 변호사의 수도 증가할 것이다.
무엇보다 인천 시민들은 재판받으러 서울까지 가지 않아도 된다.
인천에 고등법원이 유치된다는 건, 인천의 사법 독립을 이룬 것이다.

우리는 왜 실패했을까?

모든 일에는 결과가 있기 마련이고, 모든 결과에는 그에 따른 원인이 있다. 인천고등법원 설치법안이 제21대 국회에서 끝내 통과되지 못한 것도 그렇다. 애써 모은 111만 시민의 서명, 수차례 열린 토론회와 1인 시위, 그리고 수년간 이어진 언론 보도와 설득에도 불구하고, 법안은 국회 법제사법위원회의 문턱조차 넘지 못한 채 폐기 절차를 밟았다.

한 지역의 오랜 염원이 이렇게도 쉽게 무시당할 수 있다는 사실 앞에서, 많은 시민이 허탈함과 씁쓸함을 느꼈다. 하지만 마음이 아프다고 해서 멈출 수는 없었다. 실패에는 늘 이유가 있고, 그 이유를 돌아보는 일은 다음을 위한 시작이기도 하다.

나는 지난 5월 28일 자 인천일보에 기고한 글에서, 제21대 국회에서 인천고등법원 설치법안이 통과되지 못한 배경을 세 가지로 정리한 바 있다. 다시 그 글을 되짚으며 그 내용을 조금 더 자세히 풀어보고 싶다.

첫 번째는 법제사법위원회 소속 인천 국회의원의 부재였다.

법원 설치와 관련한 논의가 이뤄지는 핵심 위원회에 인천 국회의원이 단 한 명도 없었다는 점은 결정적인 약점이었다. 반면 화성시법원을 유치한 권칠승 의원은 법사위 소속이었다. 결국 인천고등법원 설치법안은 입구조차 제대로 찾지 못한 채 멈춰버렸다. 누군가 대신 말해주길 기다리기엔, 우리의 요구는 너무 절박했고 현실은 냉정했다.

두 번째로 아쉬운 점은 전략의 분산이었다. 인천은 고등법원과 해사 전문법원을 동시에 추진했고, 서명운동도 함께 진행했다. 원하는 것이 한둘이 아니다 보니 초점이 흐려졌고, 이는 부산·경남 지역 법사위 위원들의 반발을 부추기는 빌미가 되었다. 결국 두 마리 토끼를 쫓다 둘 다 놓친 셈이 되고 말았다.

세 번째는 정치권의 전략 부재와 단합 부족이었다. 인천의 여야 국회의원 모두 고등법원의 필요성에는 공감했지만, 다른 지역 의원들을 설득하고 함께 목소리를 모으는 데는 실패했다. 누군가는 앞장서서 '인천은 하나'라는 메시지를 분명히 보여줬어야 했다. 그러나 끝내 그 역할을 해낸 이는 없었다.

나는 이 실패를 단지 아쉬움으로만 기억하고 싶지는 않다. 실패는 늘 돌아볼 이유가 있고, 때로는 그것이 유일한 출발점이 되기도 한다.

이 법안은 단지 한 지역의 이익을 위한 것이 아니다. 430만 시민의 사법 접근권, 다시 말해 재판받을 권리를 실질적으로 보장하기 위한 민생법안이었다. 먼 법정까지 오가며 시간과 비용을 감당하는 시민들의 현실을 생각하면, 그 필요성은 이제는 설명이 필요 없을 만큼 자명하다.

그리고 해사법원과의 비교는 본질을 흐린다. 해사법원은 특정 사건을 다루는 전문 1심 법원이고, 고등법원은 일상의 법률문제와 직결된 항소심 법원이다. 역할도, 규모도, 지역사회에 미치는 영향도 전혀 다르다. 인천고등법원은 해사법원보다 먼지 설치되야 했고, 그 정당성은 이미 충분했다.

111만 명의 서명이 말해주는 건 단 하나다.

"우리는 가까운 곳에서, 정당한 재판을 받을 권리가 있습니다."

그 목소리를 더는 흘려보내지 않도록 그때의 실패를 오래 기억해두려 한다.

22대 국회가 시작되고

2024년 5월 30일, 제22대 국회가 새롭게 출범했다.

나는 그 시점이 인천고등법원 유치 법안을 다시 띄우기에 가장 적절한 시기라고 판단했다. 하지만 내 생각과는 달리 대부분은 회의적이었다. "어차피 논의는 임기 말쯤 되어야 시작될 텐데, 결국 2028년쯤에나 가능하지 않겠느냐"는 말들이 주변에서 들려왔다. 실제로 많은 이들이 이미 마음을 접은 듯 보였다. 하지만 나는 오히려 그 반대였다. 제21대 국회에서 법원 설립에 관련된 법안을 통과시키지 못했기 때문에, 22대 국회 초반이 오히려 최적기일 수 있다고 생각했다. 국회가 새로 구성되고, 상임위가 재편되는 시기, 본격적인 입법 일정이 가동되기 전의 초기 국면, 그 타이밍을 놓치지 않아야 했다. 그래서 조용해진 분위기 속에서도 다시 처음부터 불을 붙이기로 마음먹었다.

일단 국민의힘 소속 시의원이자 변호사 출신인 이단비 의원에게 연락했고, 시의회 회의실에서 직접 만나 상황을 설명했다. 시의회가 먼저 움직여야 지역 정치권과 시민사회도 다시 관심을 가질 수 있을 거라 판단해서다.

"이제는 시의회가 다시 공식적으로 인천고등법원 유치의 필요성을 환기해야 합니다. 국회와 중앙 정치권을 향해 분명한 메시지를 내야 할 때입니다. 이번에도 조용히 묻히게 두어선 안 됩니다."

다행히 시의회도 뜻을 함께해 주었다. 곧 시의회 차원에서 '인천고등법원 설치 촉구 결의안'이 재논의되었고, 당시 언론에도 이 사실이 공식적으로 보도되었다. 유치 운동의 불씨가 다시 살아나는 순간이었다.

이 시점에서 실질적으로 도움이 되었던 또 하나의 통로는 '정책협력관' 제도였다. 각 지방자치단체는 국회에 일정 수의 공무원을 파견해 두는데, 이들은 각 상임위에서 논의 중인 법안의 흐름과 정치권 동향을 실시간으로 지켜보고, 그 정보를 정리해 지방정부에 보고하는 역할을 맡고 있다.

인천시 역시 국회에 몇 명의 직원을 파견해 두고 있었고, 나는 그들과 직접 연결해 인천고등법원 설치법안의 현재 위치, 해당 상임위 내부의 분위기, 상정 가능성 등을 구체적으로 확인할 수 있었다. 단순히 '어디까지 갔다'는 수준이 아니라, 어느 의원실에서 법안에 관심을 가지는지, 어느 간사와의 협의가 필요한지까지 상세한 정보가 들어왔다. 상황에 따라 전략을 조정할 수 있었다는 점에서 이 구조는 분명히 큰 도움이 되었다.

국회는 하나의 유기체다. 겉으로는 움직임이 없어 보여도 내부 어딘가에선 변화의 조짐이 자라고 있을 수 있다. 어디서 물꼬가 트일지, 언제 다시 기회가 열릴지는 누구도 단언할 수 없다.

그래서였다. 일단 뭐든 내가 할 수 있는 일을 해보자는 각오를 다진 건. 비록 제21대 국회에선 법안이 계류되었지만, 22대 국회에선 멋지게 통과될 수도 있다. 그런 가능성을 믿었기에 다시 시작할 수 있었다. 정치는 늘 예측할 수 없는 흐름 속에 있지만, 그 속에서 포기하지 않고 기다리는 것도 결국 정치의 한 부분임을 다시금 깨달았다.

인천 국회의원들이 움직이다

2024년 6월 12일 아침 7시, 인천 송도 쉐라톤 호텔에서는 지용택 이사장님이 운영하는 새얼문화재단의 '아침의 대화'가 열렸다. 인천에서 제22대 국회에 당선된 국회의원 열두 명이 참석해 각자의 포부를 밝히는 자리였다. 이중 절반은 초선 의원들이었고, 나머지는 재선에서 3선까지 다양한 경력을 가진 이들이었다. 나는 인천고등법원에 대한 이들의 견해를 듣고 싶어 참석했는데, 다행히 이들이 인천을 이해하거나 진지하게 고민하고 있다는 것을 알 수 있었다.

우선 인천고등법원 설립에 대하여는 김교흥 의원이 1호 법안을 준비 중이고, 박찬대, 배준영, 정일영 의원이 적극적으로 통과시키는 데 힘을 쓰겠다고 다짐했다. 박찬대 의원은 민주당 원내 대표, 배준영 의원은 국민의 힘 수석 원내부대표로 이들은 권력의 중심에 있는 분들이다. 이런 분들이 인천고등법원 설립을 위해 나서주겠다고 한 것은 좋지만, 이전에도 그런 말을 했었으나 실패한 적이 있어 분발이 더 필요하다고 본다. 인천 의원 14

명이 동시에 인천고등법원 설립법안을 발의하겠다고 하여 이를 기다리고 있다. 여야가 함께 지역 사안에 대하여는 단결하는 모습을 보여주는 것은 참으로 의미가 있다. 인천 국회의원들이 한 몸처럼 일해 준다면 인천고등법원의 설립은 22대에서 가능할 것이다.

또, 인천 국회의원 열네 명이 동시에 인천고등법원 설치법안을 공동 발의하겠다고 밝힌 것도 의미 있는 신호였다. 여야를 넘어 지역 현안에 대해 힘을 모으겠다는 모습은, 지금 인천에 꼭 필요한 정치의 태도다. 의원들이 한마음으로 움직인다면, 인천고등법원 설립은 22대 국회에서 실현 가능하리라는 기대를 품게 되었다.

그날 여러 의원의 발언 가운데 가장 인상 깊었던 건 허종식 의원의 말이었다. 그는 인천의 정치 세력화를 강조하며 이렇게 말했다.

"권력의 힘에 기대는 정치는, 그 힘이 사라지면 함께 무너집니다. 이제 인천도 영남, 호남처럼 지역 기반의 정치 세력화를 고민해야 합니다."

인천은 인구 300만이 넘고, 지역 내 총생산은 105조 원을 넘어 이미 부산을 앞질렀다. 그런데도 인천고등법원 유치 과정에서 부산·영남 지역 의원들의 견제에 힘 한번 제대로 써보지 못했다. 부산 의원들은 10조 원이 넘는 가덕도신공항을 반대를 무릅쓰고도 밀어붙였다. 인천은 국회의원이 열넷이나 있지만, 여야가 반씩 갈려 소모적 경쟁을 반복하다 보니 뭉치지 못했고, 중앙정치에서도 제 목소리를 내지 못했다. 이제는 여야라는 정치적 구분보다 '인천'이라는 이름이 더 우선시돼야 한다.

허 의원의 말처럼, 인천의 정치가 지역 기반의 힘을 가질 때 해결할 수 있는 과제들이 많다. 현실은 민주당이 인천에서 12석을 차지하고, 원내 대표와 당 대표까지 나오는 상황이지만, 겉보기와는 달리 여전히 풀어야 할 매듭들이 곳곳에 남아 있다.

김교흥 의원의 말도 오래 기억에 남았다. 그는 인천에서 사는 사람들이 다시 떠나지 않도록, 이 도시를 더 나은 삶터로 만들어야 한다고 했다. 좋은 일자리를 마련하고, 지역의 인물과 역사를 공유해 인천에 대한 자긍심을 키우는 일, 도시의 정체성을 회복하는 일이 결국 인구 500만 시대를 준비하는 경쟁력이라는 말에 나 또한 고개를 끄덕였다.

지용택 새얼문화재단 이사장님도 모두발언에서 인천고등법원 유치를 위해 110만 명의 시민 서명을 받았던 경험을 언급했다. 그는 "그런데도 법안을 통과시키지 못한 것은 정치인의 상상력과 기획력의 부족 때문"이라며, 인천에서 큰 정치인이 나와야 한다고 강조했다.

그날 참석한 열두 명의 국회의원은 청중들 앞에서 하나같이 인천을 위해 봉사하겠다고 약속했다. 하지만 시민들의 눈은 냉정했다. 그들은 이미 알고 있다. 선거철이 되면 어김없이 반복되는 다짐, 시작만 요란하고 끝은 흐지부지해지는 약속들이 얼마나 많았는지를. 시민은 더는 말에 감동하지 않는다. 행동을 보고 결과를 지켜본다. 신뢰는 말로 쌓이지 않는다. 긴 시간 묵묵한 실천을 통해 쌓이고, 끝내는 책임으로 증명된다. 정치는 그 책임을 감당할 용기가 있는 사람의 몫이며, 정치는 시민의 신뢰를 전제로 움직인다. 이러한 사실을 그날 그 자리에 있던 국회의원들도 잘 알고 있으리라 믿고 싶었다.

인천의 발전을 위해서는 무엇보다 정치인의 지속적인 노력이 필요하다. 특히 여야를 막론하고 인천이라는 이름 아래 힘을 모을 수 있는 정치

세력화는 미룰 수 없는 과제가 되었다. 중앙정치의 흐름도 중요하지만, 지역의 대표로 선출된 이상 가장 먼저 지역의 문제를 고민하고 해법을 찾아야 한다. 국회의원이라면, 그저 바쁘기만 한 사람이 아니라 성실하고 꾸준한 사람이어야 한다. 인천이 앞으로 나아가기 위해 지금 필요한 건 그런 사람들이다.

이번에는 함께

2024년 6월 27일, 제22대 국회가 문을 연 지 채 한 달도 되지 않은 날이었다. 그날 김교흥 의원이 인천고등법원 설치를 위한 법안을 1호 법안으로 다시 발의했다는 소식을 들었다. 지난 제21대 국회에서 이미 같은 법안을 1호로 제출했던 그였기에, 이 반복은 단순한 절차가 아니라 깊이 남은 아쉬움과 결심의 표현처럼 느껴졌다.

그의 실행력을 가까이서 지켜보며, 말보다 행동이 먼저인 사람이라는 인상을 받았다. 누군가는 또다시 시작된 일이라고 말할 수도 있겠지만, 나는 알았다. 어떤 일은 끝내 이루기 전까지는 늘 '다시' 해야만 하는 것이라는 걸.

지난 회기 동안 법안이 끝내 통과되지 못했을 때, 잠시 멈춰야 할지를 고민한 적도 있었다. 하지만 그 시간을 지나며 오히려 더 분명해진 것은, 이런 일은 누군가가 미친 듯이 끝까지 붙잡고 가야만 가능하다는 사실이었다. 나는 그 역할을 내가 감당하겠다고 마음먹었다. 결국 정치는 설득이고, 입법은 인내다. 어느

164

순간 단번에 해결되는 일은 없다.

법안이 재발의가 된 뒤 나는 시민단체들을 만나고, 언론과의 인터뷰를 준비하고, 여러 기관과 협력 방안을 모색했다. 뜻밖에 많은 시민이 인천고등법원 설치를 이미 당연한 일처럼 여기고 있었다. 인천지방변호사회뿐아니라 여러 시민단체가 적극적으로 의지를 밝혔고, '이번에는 꼭'이라는 말이 여러 사람의 입에서 조용히 반복되었다. 그만큼 이 문제가 오래되었고 더는 미룰 수 없다는 뜻이기도 했다.

지난 회기의 실패 원인 중에서 내가 가장 뼈아프게 느낀 것은 '분열'이었다. 같은 지역을 대표하면서도 여야로 갈려 따로 움직였고, 정당의 입장과 정치적 유불리에 따라 목소리가 엇갈렸다. 그 결과 한목소리를 내지 못했고, 설득력 있는 압박도 만들어내지 못했다. 무엇보다 안타까웠던 건, '인천'이라는 이름 아래 모여야 할 사람들이 정파의 논리에 따라 흩어졌다는 사실이었다. 그 분열은 시민들의 기대와 열망까지 흐트러뜨렸다. 그래서 이번에는 우리 내부의 의견부터 단단히 모아야 한다는 것을 절실히 느꼈다. 지역 간의 균형을 이야기하는 다른 의원들을 설득하기 위해서라도 인천 안에서는 하나의 목소리가 필요하다. 인천이 어느 정당의 소유물이 아닌 이상 인천을 위한 일이라면 여야를 가리지 말고 함께 추진해야 한다.

손자병법에는 동주공제(同舟共濟)라는 말이 있다. 비록 적이라 할지라도 같은 배를 탔을 땐 함께 힘을 모아야 한다는 뜻이다. 지금 인천이 처한 상황이 바로 그렇다. 바다는 험하고 배는 작다. 이럴 때일수록 서로의 손을 붙잡고 노를 저어야 한다. 이 일은 정파의 문제가 아니라, 시민의 권리를 회복하는 일이다. 그래서 이번엔 반드시 함께 가야 한다.

인천고등법원 설립에 관한 「각급 법원의 설치와 관할구역에 관한 법률」

인천 서구갑의 김교흥 의원이 대표 발의하고 인천의 국회의원 11명이 참여하여 법안이 발의되었다.

각급 법원의 설치와 관할구역에 관한 법률 일부개정법률안
(김교흥의원 대표발의)

의 안 번 호	1070

발의연월일 : 2024. 6. 27.

발 의 자 : 김교흥·모경종·허종식
이훈기·박선원·이용우
노종면·유동수·정일영
윤상현·맹성규 의원
(11인)

제안이유 및 주요내용

인천광역시에는 고등법원이 설치되어 있지 아니하며, 우리나라에서 고등법원이 설치되지 않은 광역시는 울산광역시와 함께 유일함.

특히 인천광역시는 인구 300만명이 거주하는 대도시임에도 불구하고 고등법원이 설치되어 있지 않아, 주민들이 소송업무를 처리하기 위하여 상당한 물리적 거리를 감수하여만 함. 이와 같은 한계로 인하여 관할 지역 내 주민들이 제공받는 법률서비스의 질이 저하되고 소송 지연으로 인한 피해 또한 가중되고 있음.

이에 인천광역시에 인천고등법원을 설치함으로써, 인천광역시와 부천시, 김포시 지역 주민들이 양질의 사법서비스를 제공받을 수 있도록 하려는 것임(안 별표 1 및 별표 3 및 별표 5).

- 1 -

법률 제   호

각급 법원의 설치와 관할구역에 관한 법률 일부개정법률안

각급 법원의 설치와 관할구역에 관한 법률 일부를 다음과 같이 개정한다.

별표 1의 수원고등법원란 다음에 인천고등법원란을 다음과 같이 신설한다.

인천고등법원	인천광역시

법률 제17124호 각급 법원의 설치와 관할구역에 관한 법률 일부개정법률 별표 3 중 서울고등법원 인천지방법원란을 삭제하고, 수원고등법원란 다음에 인천고등법원란을 다음과 같이 신설한다.

인 천	인 천		인천광역시 동구·중구·미추홀구·연수구·남동구·부평구·옹진군
		북 부	인천광역시 계양구·서구·강화군
		부 천	부천시·김포시

별표 5 중 서울고등법원 인천가정법원란을 삭제하고, 수원고등법원란 다음에 인천고등법원란을 다음과 같이 신설한다.

인 천	인 천		인천광역시. 다만, 소년보호사건은 앞의 광역시 외에 부천시·김포시
		부 천	부천시·김포시

- 2 -

부　　칙

제1조(시행일) 이 법은 2027년 7월 1일부터 시행한다.

제2조(사건 관할에 관한 경과조치) 이 법 시행으로 2027년 7월 1일부
　　터 인천고등법원 관할에 속할 사건으로 2027년 6월 30일 현재 서울
　　고등법원에 계속 중인 사건은 그 계속 중인 법원의 관할로 한다.

또다시 피켓을 들다

2024년 9월 23일 아침, 큰 피켓을 들고 국회 앞으로 향했다. 이날은 인천고등법원 설치법안이 국회 법제사법위원회 제1소위원회에 배정된 날이었다. 단지 안건으로 다시 상정되었다는 사실만으로도 내게는 깊은 의미가 있었다.

지난 제21대 국회에서도 이 법안은 논의된 바 있다. 그러나 해사법원 문제와 얽히며 아무런 결실도 보지 못한 채 폐기되었을 때의 허탈감이 아직도 생생하다. 인천고등법원은 그와 무관한 사안이었지만, 시민의 절박한 요구는 그렇게 또 뒷전으로 밀려났다. 그래서 이번에 법안이 다시 상정되었다는 사실만으로도 내 마음은 깊이 흔들렸다.

그리고 지금 그 법안이 다시 국회의 문턱에 올랐다. 기다리는 마음만으로는 충분하지 않다는 것을 지난 시간들이 분명히 보여주었다. 그래서 다시 피켓을 들었다.

2020년 7월, 생애 첫 1인 시위를 했던 기억이 떠올랐다. 국회 앞 인도에 서서 피켓을 들고 있던 나를 지나치는 사람들은 대부분 무심했다. 간혹 고개를 돌리는 이도 있었다. 그날 이후로 정확히 4년이 지났다. 두 번째 시위는 처음만큼 낯설지는 않았지만, 덜 힘들다고 말하기는 어려웠다. 무엇보다 이날은 해가 정면에서 뜨거운 빛을 쏟아내 눈조차 제대로 뜰 수 없었다. 마치 이 싸움의 미래도, 희망도 선뜻 바라보기 어려운 듯한 시간이었다.

인천고등법원 유치는 내게 단순한 행정 절차가 아니다. 오랜 시간 가슴 깊이 품어온 간절한 염원이자 최소한의 사법 정의를 위한 요청이다. 이토록 오래, 또 이렇게까지 어렵게 이어질 줄은 처음엔 몰랐다. 때로는 끝이 보이지 않는 길 위에서 지치는 마음을 어떻게 다독여야 할지 막막할 때도 있었다.

만약 이번에도 법안이 통과되지 않는다면, 아마도 크게 낙심할 것이다. 그동안의 시간과 노력이 머릿속을 스쳐 지나가고, 허탈함에 밤잠을 설칠지도 모른다. 모든 게 하늘의 뜻이라도.

기다림의 끝에서 온 전화

2024년 11월 18일, 나는 국회의 한 회의실에서 열린 세미나에 참석했다. 주제는 인천고등법원 유치였다. 사실 이 법안은 이미 국회 전체회의에 상정된 상태였다. 통과 여부를 기다리는 긴장의 시간 속에서 열린 세미나였고, 이를 주도한 이는 더불어민주당 원내 대표 박찬대 의원이었다. 원내 대표는 당의 입법 전략을 조율하고 국회 운영을 실질적으로 이끄는 자리다. 그런 인물이 직접 나서 인천고등법원 유치를 공식 의제로 삼고 있기에 이번에는 제21대 국회 때처럼 문턱 앞에서 멈추진 않겠다는 생각이 들었다.

세미나도 기대 이상이었다. 보여주기식이 아니었다. 발표자들의 말은 구체적인 수치와 분석을 바탕으로 분명한 논리를 품고 있었다. 인천고등법원이 왜 필요한지, 그간 사법 서비스의 불균형이 어떻게 시민의 권리를 침해해왔는지 명료하게 짚어나갔다. 오랜 시간 품어온 문제의식이 비로소 말이 되고 논의가 되는 자리였다.

예감이 좋았다. 이제껏 뿌연 안갯속에서 손을 뻗으며 길을 더듬었다면, 그날은 시야가 열리고 길이 명확히 드러나는 느낌이었다. 말로 설명하기 힘든, 그러나 분명히 몸이 먼저 알아차린 감각. 그때 느꼈던 그 감정은 단순한 기대가 아니라, 오래 기다려온 어떤 타이밍이 맞아떨어졌다는 직감에 가까웠다. 문득 한 인물이 떠올랐다.

역사 속, 바다를 바라보며 "풍향이 바뀌었다"는 것을 몸으로 먼저 감지했던 이순신 장군. 아직 적선이 저 멀리 있었고 전황은 불리했지만, 그는 바람의 냄새와 파도의 결을 통해 전세의 흐름이 바뀌고 있다는 걸 느꼈다. 그 조용한 확신은 결국 명량 해전의 대승으로 이어졌다. 나는 감히 그 기세를 흉내 낼 수는 없지만, 그날 내 안에 조용히 피어오른 예감은 꼭 그와 닮아있었다. 보이지 않던 길이 선명해지고, 두리뭉실했던 논의가 논리로 정리되고, 막연했던 희망이 현실의 궤도에 들어서는 감각.

무언가 결정적인 전환점에 도달했다는 내면의 울림.

그 느낌은 예상보다 훨씬 빠르게 현실이 되었다.

세미나가 끝난 뒤 국회 근처의 식당에서 점심을 먹고 있었다. 국 한 숟가락을 뜨려던 순간 전화벨이 울렸다. 익숙한 번호였다. 전화를 받자 수화기 너머로 P의 들뜬 목소리가 들렸다.

"인천고등법원 설치법안이 전체회의를 통과했습니다."

그 말을 듣는 순간 잠시 숨이 멎었다.

'정말인가?'라는 말이 머릿속을 맴돌았고, 곧이어 '됐구나'라는 실감이 가슴 깊이 차올랐다. 손에 들고 있던 숟가락을 내려놓고 숨을 고르며 다시 확인했다.

173

맞았다. 법안은 전체회의를 통과했고 본회의만 남겨 둔 상태였다. 물론 절차상으로는 아직 마지막 단계가 남아 있었지만, 실질적인 고비는 넘은 셈이었다.

'아! 진짜구나. 진짜 인천에도 고등법원이 생기겠구나.'

✔ **[기고] 경인일보. 2024년 9월 29일**

인천고등법원 설치법안, 이번엔 국회 통과해야

2023년, 인천고등법원 설치를 촉구하는 인천 시민 110만 명의 서명운동이 성황리에 진행되었다. 이는 단순한 시민 참여를 넘어, 지역의 사법 자치를 회복하겠다는 강한 염원의 표출이었다. 그 서명지는 국회와 대법원에 전달되었고, 마침내 2024년 초, 제21대 국회 법제사법위원회에서 관련 법안의 심의가 시작되었다.

그러나 시민들의 기대와 달리 법안은 법사위 소위원회에서 '심사 보류' 판정을 받았고, 결국 회기 종료와 함께 자동 폐기되고 말았다. 핵심 이유는 영남권 일부 의원들의 "인천은 해사법원 유치 신청을 먼저 정리하라"는 사실상 조건부 요구였다. 고등법원 설치라는 정당한 사법 서비스 개선 논의가 엉뚱한 지역 이기주의에 발목 잡힌 것이다. 국회는 결국 인천 시민들의 서명과 줄기찬 요구를 외면했고, 시민들의 염원은 또 한 번 좌절되었다.

이후 22대 국회에서 인천고등법원 설치법안이 다시 발의되었고, 현재는 국회 심의를 기다리는 중이다. 그러나 이 법안이 지닌 당위성은 결코 새로운 주장이 아니다. 오히려 지금껏 외면당해온 너무도 오래된 요구다.

서울로 '원정 재판'을 가야 하는 불편은 직접 겪어본 사람이 아니면 실감하기 어렵다. 단순한 시간의 문제가 아니다. 서울까지 왕복에 걸리는 3~4시간은 고령자와 장애인, 경제적 여건이 어려운 시민들에게는 실질적인 '사법 접근권의 박탈'에 가깝다. 헌법은 '신속한 재판'을 명시하고 있지만, 인천에서는 이 기본권조차 지켜지지 않고 있다. 실제로 인천의 재판 지연 기간은 전국에서 가장 긴 편이며, 항소심 사건 수 또한 이미 다른 고등법원이 소재한 도시들을 앞지르고 있다.

2023년 기준, 인천의 연간 항소심 사건 수는 2,502건으로 대전고등법원 (2,480건)과 대구고등법원(1,874건)을 초과했다. 시민 1인당 항소심 사건 발생률은 서울 다음으로 높은 수준이다. 그런데도 인천, 부천, 김포 시민들은 여전히 고등법원이 없어 서울 서초구 서초동까지 재판을 받으러 가야 한다. 이 불합리는 언제까지 계속되어야 하는가?

인구 측면에서도 인천은 이미 부산에 이어 세 번째로 많은 도시이며, 조만간 부산을 추월할 기세다. 2022년 기준 지역내총생산(GRDP)은 104조 원으로 부산을 넘어서 서울 다음이다. 현재 고등법원이 없는 광역시는 인천과 울산뿐인데, 울산은 인구 100만 명이 무너질 정도로 쇠퇴하고 있는 도시인 반면, 인천은 수도권의 관문 도시로 성장세가 뚜렷하다.

인천의 경제 성장은 우연이 아니다. 공항과 항만이라는 천혜의 인프라, 이를 기반으로 한 첨단 산업 생태계가 뒷받침하고 있다. 송도의 바이오 의료 산업, 영종의 항공물류, 청라의 로봇 산업과 금융업, 남동공단의 첨단부"

품산업이 조화를 이루며 인천을 미래형 도시로 이끌고 있다. 또한, 3대 경제자유구역(송도·청라·영종)을 넘어 검단, 루원, 구월, 학익 등지에서도 대규모 도시개발이 이루어지고 있으며, 인구 유입도 활발하다.

이처럼 도시의 규모와 경제력, 사건 수요, 교통 여건 등 모든 요소를 고려하면, 인천고등법원 설치는 더는 미룰 수 없는 국가적 과제다. 단순히 '또 하나의 법원'을 만드는 문제가 아니다. 이는 수도권 서부 시민들의 헌법적 권리를 바로 세우고, 수도권 전체의 사법 시스템을 보다 공정하게 재편하는 문제다.

국가의 사법행정 역시 도시의 성장과 함께 진화해야 한다. 지금 인천이 고등법원을 갖지 못하는 것은 사법 정의의 문제이자, 지방분권의 관점에서도 깊이 되짚어야 할 일이다. 고등법원 설치는 인천 시민의 요구이자, 사법 서비스의 균형을 위한 최소한의 응답이다.

마침내,
인천고등법원의 시대가 열리다

2024년 11월 26일 오전, 인천고등법원 설립법안이 국회 법제사법위원회를 통과했다는 소식을 들었다. 그리고 그 이틀 후인 인천고등법원 설립법안이 국회 본회의를 통과했다. 이로써 인천고등법원은 우리나라 7번째 고등법원으로 설치가 확정되었다.

법안은 먼저 국회 법제사법위원회 소위원회(소위)에서 심사를 거친 후, 전체회의를 통과해야 한다. 그리고 전체회의까지 통과되면, 본회의에서 가결될 가능성이 커진다. 인천고등법원 설치법안은 이미 전체회의에서 통과되었기에, 본회의에서도 무사히 통과될 것이라 믿고 있었다. 그런데도 막상 가결되었다는 소식을 듣는 순간, 안도의 한숨이 나왔다.

수많은 회의. 수많은 불발. 수많은 기다림 끝에 이 일이 실제로 이루어진 것이다. 이제 이 이야기를 '진행 중'이 아닌 '완료됨'으로 말할 수 있게 되었다.

인천고등법원의 필요성을 이야기하며 본격적으로 설치를 주장한 지 거의 6년이 흘렀다. 처음에는 그저 도시 문제의 한 갈래로 흥미롭게 다가왔다. 그러나 시간이 흐르며 인천고등법원 설립은 개인의 관심을 넘어 하나의 사명감으로 자리 잡았다. 수도권 내 구조적 불균형과 서울 중심주의 속에서 인천은 언제나 변두리로 밀려났다.

나는 이 도시에서 자랐고 지금도 일하고 있다. 그러니 인천은 내게 단순한 생활 공간이 아니라, 살아 숨 쉬는 고향 그 자체다. 인천이 잘되어야 대한민국이 바로 선다. 이 같은 믿음은 도시공학을 공부하면서 더 확고해졌다. 공학도의 눈으로 본 인천은 무한한 가능성을 지닌 도시다. 충분한 조건과 역량을 갖췄음에도 정치적·제도적으로 계속 뒤처지는 현실을 참을 수 없었다. 그래서 내가 가장 잘 아는 분야인 법조계부터 바꿔보자고 결심한 것이다.

현실은 만만치 않았다.

서울이 가까운 탓에 인천은 대형 법률사무소의 영향권 안에 있었고, 지역 법률시장은 독립적으로 성장하기 어려웠다. 젊은 변호사들이 인천에 뿌리내리기보다 서울로 빠져나가는 흐름은 너무나 당연한 듯 굳어져 있었다. 게다가 시민들조차도 고등법원의 필요성을 크게 체감하지 못하고 있었다. 하지만 나는 인천은 광역시이고, 사건의 수도 충분하며, 독자적인 고등법원이 필요한 도시라는 점을 계속 강조했다. 수원에 이미 고등법원이 설치된 상황에서 인천이 뒤처진 현실은 솔직히 말해 자존심이 상할 만큼 아쉬운 일이었다.

늦었지만 결코 포기할 수 없었다. 자존심을 회복하기 위해서라도 반드시 인천에 고등법원이 들어서야 했다. 초반에는 마치 산을 움직이는 일처럼 느껴졌다. 하지만 시민단체와 손잡고, 인천시의 도움을 얻고, 정치권을 설득하면서 하나씩 길이 열렸다.

인천이 수도권 내에서 구조적으로 차별받고 있다는 점, 고등법원이 생길 경우의 장기적인 이점 등을 설명하고 또 설명했다. 그리고 어느 순간 사람들의 인식이 바뀌기 시작했다. 이제는 누구나 말할 수 있게 되었다. "우리 인천에도 고등법원이 있어야 한다"라고.

결정적인 계기는 서명운동이었다. 단 3개월 만에 100만 명이 넘는 인천 시민이 서명에 동참했다. 그건 단순한 숫자가 아니었다. 시민들의 집단적인 의지였고, 이 도시의 가능성에 대한 강력한 믿음이었다. 그 뜨거운 마음은 정치권도 움직였다. 여야가 손을 잡았고, 인천 전체가 하나의 목표를 향해 걷기 시작했다.

이번 법안 통과는 오롯이 인천 시민 덕분이다. 깨어 있고 협력하며 도전하는 시민들이 있었기에 가능했다. 나는 이 과정을 통해 인천이라는 도시가 지닌 힘과 가능성을 다시 확인했다. 그리고 확신하게 되었다. 앞에서 방향을 제시해주는 리더만 있다면, 인천은 훨씬 더 멀리 나아갈 수 있다는 사실을.

이제 인천은 대한민국의 제2 도시이자 고등법원이 있는 도시가 되었다. 이는 단지 제도 하나가 생긴 문제가 아니다. 우리 도시의 위상과 자존심, 그리고 미래에 대한 투자다.

2024년 11월 28일, 국회 본회의에서 인천고등법원 설치법안이 통과되었다는 사실을 들었던 순간, 나는 이렇게 쓸 수 있게 되었다.

"마침내, 인천고등법원의 시대가 열렸다."

인천고등법원 유치는 모든 인천 시민의 승리다

아 기쁘다! 오랫동안 고대했던 인천고등법원 설립을 위한 「각급 법원의 설치와 관할구역에 관한 법률」 개정안이 11월 28일 국회 본회의를 통과했다. 인천 시민 111만 명이 인천고등법원 유치를 위한 서명운동에 참여했고, 여야 의원 모두 인천고등법원 설립법안을 발의하면서 모처럼 우리는 시민이 단결하고 여야 협치에 의한 인천지역 발전을 위한 사례를 만들었다. 이제 인천을 포함한 부천과 김포시민 430만 명이 가까운 곳에서 재판받고, 더 질 높은 사법 서비스를 받게 되었다. 인천 시민이 그동안 누리지 못했던 헌법상 권리인 신속한 재판을 받을 권리를 충분히 누리게 된 점만으로도 우리 모두의 기쁨이라고 할 수 있다.

이번 인천고등법원 유치 과정에서는 많은 사람과 단체의 도움이 있었다. 필자는 그분들에게 큰 감사의 말씀을 드리고 싶다. 인천시에서 유정복 시장을 중심으로 지난해 4월 인천고등법원 유치 범시민추진위원회를 만들었는데 그때 인천을 대표하는 저명인사 145명이 참여하여 주셨다. 인천시민연합, 인천총연합회 등 시민단체들은 서명운동 참여뿐 아니라 국회 앞 시위에서 같이 참석하고, 그중 대표님 한 분은 삭발식까지 거행하면서 인천 시민의 결의를 보여주었다. 그리고 인천고등법원 설립을 위한 법안을 발의한 김교흥, 배준영 의원과 여야 각 당의 지도부에 있는 인천 출신 의원들도 발의 이후에도 법제사법위원회 의원들을 적극적으로 설득하여 결정적으로 법안 통과가 가능하게 해 주었다. 그러나 무엇보다도 지난해 5월부터 8월까지 진행된 인천고등법원 유치 서명운동에 적극적으로 참여해 준 인천 시민 111만 명의 성원이 결정적 힘이었다. 더불어 인천고등법원의 설립을 위하여 아무도 몰라주더라도 열심히 일해오신 인천시와 인천시의회 관계자들, 국회의원 사무실 직원들, 취재 활동도 열심히 해준 인천의 기자들 모두에게 감사드리고 싶다.

이렇게 인천의 모든 시민과 단체가 합심하여 인천고등법원 유치를 이루어 냈다. 이것은 300만 인천 시민의 승리라고 말할 수 있다. 인천은 300만의 대도시임에도 불구하고 고등법원뿐 아니라 방송국, 미술관, 공공 의대 등 시민의 삶의 질과 도시의 품격에 맞는 것들이 없었다. 그러한 시설이나 기능을 누리기 위해서는 시간과 비용을 들여 서울까지 가야 했고, 서울 중심의 체계에서 인천은 소외당하여 왔다. 그러나 국제공항과 항만이 있는 인천이 국제도시이자 관문 도시로서 위상을 가지기 위해서는 도시의 규모에 맞는 공공시설들이 반드시 생겨야 한다. 인천고등법원의 설치로 인하여 430만 시민들의 사법권이 보장되고, 인천이 기업 하기 좋은 도시로서 성장할 것이다. 또한 서울에 종속된 듯한 인천의 이미지를 바꾸는 계기가 되어서 인천이 대한민국 2대 도시로서 확실히 자리매김할 것이다.

인천고등법원의 설립은 무엇보다도 여야 협력 통치로 인한 쾌거이다. 인천 발전을 위해서는 여야가 함께 노력하는 모습은 아름답다. 앞으로 인천의 발전을 위해 여야 국회의원들이 같이 모여서 단합하여 무언가를 이루어내는 것을 계속 보고 싶다. 인천의 현안인 수도권매립지 종료 문제, 공공 의대 설치, 해사법원 설치, 철도와 도로 등 인천 교통망 확충 등에 대하여도 여야가 함께 인천 시민들을 위해서 힘을 합쳐야 한다. 이것이 인천 시민들이 바라는 바일 것이다. 인천고등법원의 설치는 인천 시민들의 열망을 국회에서 우리의 대변자들이 힘을 합쳐서 인천의 문제를 해결한 것이다. 인천 시민들이 원하는 것을 의원들이 더 열심히 귀담아듣고 인천 발전을 위해 힘을 합쳐 주었으면 하는 바람이다. 그러기 전에 일단 우리는 인천고등법원 설치의 기쁨을 마음껏 누려 보자.

'말하지 않는 불편함'에 대하여

인천고등법원이 국회를 통과하여 설치가 확정되었다. 돌이켜보면 길고 긴 싸움이었지만, 개인적으로는 매우 값진 배움의 시간이었다. 복잡한 입법 절차 속에서 법이 어떻게 만들어지는지, 사람들은 어떻게 움직이고 타협하는지를 가까이에서 지켜보았다. 밖에서 볼 때와 안에서 체감할 때는 전혀 다른 세계였다. 또, 무엇인가를 원한다면, 그에 걸맞은 준비와 전략이 필요하다는 것을 뼈저리게 느꼈다. 그리고 시간이 걸릴지라도, 제대로 준비하고 끝까지 밀어붙일 의지가 있다면 해볼 만한 일이라는 확신도 얻게 되었다.

기억에 남는 장면이 있다. 이번 22대 국회 마지막 과정에서 나온 부산 출신 곽규택 의원이 인천을 두고 한 말이다. 그는 나와 대학 동기로 부장검사 출신의 변호사이기도 하다. 또, 부산지역을 위해 해사법원도 발의하고, 지역을 위해 열심히 일하는 의원이다. 그는 법사위 전체회의에서 인천고등법원에 대하여 이런 말을 했다.

"수십 년간 인천은 서울고등법원 관할에 있으면서 '불편하다'는 말이 나오지 않았습니다. 서울과 가깝기 때문이었던 것 같은데."

그가 그런 말을 할 수 있었던 건, 어디까지나 제삼자의 입장이었기 때문이다. 만약 그가 인천에서 일하며 직접 재판을 준비하고, 매번 서울까지 이동해야 했던 경험이 있었다면, 그 불편함을 온몸으로 체감했을 것이다. 그리고 이는 객관적인 수치로도 확인된다. 인천고등법원 유치 추진 과정에서 실시한 설문조사에서 '서울까지 재판을 받으러 가는 것이 불편한가'라는 질문에 80% 이상이 '그렇다'고 답했다. 불편함은 분명히 존재했고, 이미 많은 이들이 그렇게 느끼고 있었다. 그러니까 곽 의원의 문제 제기는 '불편한 현실'에 있지 않다. '불편함을 느끼는 것'과 '불편하다고 말하는 것'은 전혀 다른 차원의 문제인데, 그가 지적한 것은 후자 쪽일 것이다.

실제로 우리는 오랫동안 불편을 감내해 왔다. 익숙해졌고, 어쩔 수 없다고 여겼으며, 목소리를 내지 않았다. 마치 발에 맞지 않은 신발을 신고도 하루를 버티는 습관이 들어버린 사람처럼, 발이 아프다는 말조차 하지 않고 걸어온 것이다. 그러니 문제는 불편함의 부재가 아니라, 그 불편함을 외면당해도 되는 일상으로 둔갑시킨 침묵이었다.

하지만 이제는 분명히 안다. 우리가 살아가는 도시에서 무언가 불편하거나 부당한 점이 있다면, 그저 참아서는 아무것도 바뀌지 않는다는 것을. 스스로 나서야 하고, 스스로 요구해야 한다. 국가를 향해 당당히 문제를 제기하고, 필요할 땐 싸우고, 또 협력할 줄도 알아야 한다. 우리의 현실을 다른 지역도 알 수 있도록, 때로는 충분히 시끄러울 필요도 있다. '누군가 알아서 해주겠지'라는 기대만으로는 단 하나의 변화도 끌어낼 수 없다는 것을 이제는 누구보다 잘 알고 있다.

2018년 제주 제2 공항 반대 운동도 그랬다. 처음엔 몇몇 지역 주민의 문제 제기로 시작된 일이었다. 하지만 주민들은 공청회장을 찾아가고, 서울로 올라와 기자회견을 열고, 여러 연구 자료를 분석하며 차분하고도 집요하게 목소리를 냈다. 행정 절차에 대한 문제, 환경 파괴, 지역의 생존권 문제를 논리적으로 짚어내며 결국 국토부의 일방적인 계획에 제동을 걸었다. 목소리를 낸 사람들 덕분에, 그 일은 단순한 개발 문제가 아닌 지역의 자율성과 지속가능성에 대한 사회적 질문으로 확장될 수 있었다.

조용히 있으면 조용히 지나갈 뿐이다. 도시는 말이 없으면 제 몫을 갖지 못하고, 시민은 외치지 않으면 권리를 얻지 못한다. 그래서 이제는 나서야 한다. 아주 작고 불편한 문제에서부터라도. 변화는 그렇게 시작된다.

박사학위 대신,
내가 선택한 인천고등법원

2019년 상반기, 나는 한양대학교 도시공학 박사과정에 입학했다. 일주일에 두세 번 서울로 수업을 들으러 가는 일이 쉽지는 않았지만, 오랜만에 다시 학교에 다니며 새로운 분야의 공부에 몰두하는 일은 무척 즐거웠다. 한양대는 공대가 강한 학교였고, 그중 도시공학은 서울 도시계획의 중심이라 해도 과언이 아닐 만큼 견고한 전통과 실력을 갖춘 학문 분야였다.

입학 전부터 도시재생 실력자로 평판이 자자했던 구자훈 교수님의 연구실에 들어가게 된 것도 큰 행운이었다. 교수님은 도시를 단지 건물과 도로의 집합으로 보지 않고, 사회적·경제적·심리적 맥락 속에서 살아 숨 쉬는 유기체로 이해하셨다. 나 역시 그 시각에 깊이 공감하며 도시라는 존재에 대해 하나씩 배워갔다. 도시를 공부한다는 것은 곧 사람과 삶을 공부하는 일이라는 사실에 점점 더 이 공부에 매료되어 갔다.

하지만 그해 6월, 도시공학과는 또 다른 방식으로 내 삶에 닿아왔다. 인천지방변호사회에서 '인천고등법원 유치위원회'를 구성한다는 소식을 듣고 나는 주저 없이 참여를 결정했다. 인천의 미래를 고민하고 있었던 차에, 내가 가진 법률적 경험과 도시적 상상력을 모두 쏟아부을 수 있는 과제가 나타난 것이다.

위원회가 처음 꾸려졌을 때, 우리는 점심을 함께하며 무엇부터 시작할지를 논의했다. 자연스럽게 인천고등법원의 필요성을 널리 알리는 세미나를 열자는 데 뜻이 모였다. 그리고 그 첫 번째 발제를 내가 맡겠다고 자청했다. 나는 원래 무슨 일이든 먼저 손을 드는 사람이다. 인천지방법원에서 회생 파산 전담 판사가 처음 생겼을 때도, 아무도 나서지 않을 때 내가 먼저 하겠다고 말했다. 힘든 일이든 낯선 일이든 공부가 필요한 일이라면 마다치 않는 성격이었고, 그날도 마찬가지였다.

그 발제는 생각보다 많은 반향을 일으켰다. 그 뒤로 인천고등법원에 대한 발제는 늘 내가 맡게 되었고, 다른 이들은 선뜻 나서지 않았다. 나는 단순히 법조인으로서 통계와 타당성을 설명하는 데 그치지 않았다. 도시공학을 공부한 사람으로서 인천이라는 도시가 어떻게 발전해야 하는지를 함께 고민했다. 인천고등법원이 어디에 들어서야 도시 전체의 균형 발전에 도움이 될지를 연구하고, 교통망과 접근성, 도시구조 등을 분석해 여러 후보지를 제안했다. 나는 책임자나 연구자가 아니었지만, 스스로 그런 마음으로 자료를 모으고 지역을 다니며 그림을 그렸다. 단지 숫자가 아니라 도시를 살아 있는 구조로 이해하고 싶었다.

그래서 내게 이 활동은 단순한 시민운동이나 로비의 차원을 넘는 일이었다. 내 삶의 공부이자, 내가 도시를 이해하는 방식 그 자체였다.

그렇게 박사과정을 수료했지만, 학위 논문을 쓰는 일은 이제는 내게 우선순위가 아니었다. 내 마음은 이미 인천고등법원 유치에 깊숙이 들어가 있었고, 나는 동료 박사과정생들에게 말했다.

"내 박사 논문은 인천고등법원이다. 학위보다 이게 더 중요하다."

물론 내 말은 농담이었고, 지금도 두 명의 동기들은 도시공학 박사로 학위를 마쳤지만, 나는 여전히 '수료' 상태에 머물러 있다. 그러나 돌아보면, 그 시간은 헛되지 않았다. 나는 내가 원했던 방식으로 공부했고, 내가 가고 싶은 길을 걸었다. 그래서 스스로 말하곤 한다. "나는 인천고등법원 유치 부문 박사다." 그 말이 꼭 틀린 것도 아니다.

이제 다시 박사학위를 따기 위해 공부할 생각은 없다. 그 사이 나이도 들었고, 학위를 갖는다고 내가 더 바뀔 것 같지도 않다. 하지만 분명한 것은, 인천고등법원이 마침내 설치되었고, 그 과정에서 내가 가진 모든 것을 다해 뛰었다는 점이다. 그래서 이렇게 글을 쓰는 지금, 기쁘다.

결과가 좋으면, 그 길도 결국 옳았다고 믿을 수 있다.

앞으로 어떤 공부를 하게 되더라도, 이제는 학위가 목표가 되지는 않을 것이다.

나는 그저 정말 좋아하는 것을 하고 싶다.

내가 의미 있다고 믿는 일을, 내 속도로, 내 방식으로.

인천고등법원 유치위원회,
조용히 막을 내리다

2024년 11월 28일, 인천지방변호사회 인천고등법원 유치위원회가 공식적인 임무를 마무리하는 날이다. 정오 무렵, 법무법인 '안다' 인천 사무실로 유치위원들이 하나둘 도착했다. 안관주 회장을 비롯해 배영철, 최명섭, 노희정, 방인환, 서고은, 안정섭, 김세찬, 우동형 변호사와 김보민 사무국장, 그리고 나까지 총 열두 명. 서로 인사를 나눈 뒤 우리는 곧바로 사무실 벽면으로 향했다.

그곳엔 '인천고등법원 유치'라는 문구가 적힌 플래카드가 걸려 있었다. 2023년 2월, 내가 유치위원장으로 위촉된 직후 직접 붙인 것이다. 그날 이후 매일 아침 출근길에 마주했고, 어떤 날은 지나치듯 보았고, 또 어떤 날은 오래 응시했다.

그 문구는 단순한 걸개가 아니었다. 방향이었고, 약속이었고, 다짐이었다.

"이걸 떼는 날이 꼭 오게 하자."

그 말을 속으로 수없이 되뇌었다.

유치가 확정되기 전까지는 절대 떼지 않겠다는 마음으로 1년 10개월을 보냈다. 그리고 오늘, 마침내 그 약속을 지킬 수 있게 되었다. 플래카드를 떼는 건 금방이었다. 이 쉬운 일을 그렇게나 간절히 바랐다니. 문득, 지나간 시간이 파도처럼 밀려왔다. 서명운동을 위해 거리로 나섰던 날들, 정치인을 설득하러 다녔던 날들, 토론회와 간담회를 준비하며 쌓였던 자료 더미들, 그리고 그 한가운데에서 서로를 지탱했던 동료들의 이름과 표정들.

안관주 회장은 준비해온 작은 선물들을 위원들에게 건넸다. 나는 손글씨로 쓴 카드 한 장씩을 나누었다. 길지 않은 문장들이었다. 그러나 그 안엔 지난 시간에 대한 깊은 마음이 담겨 있었다.

무엇보다 이 모든 여정이 혼자가 아니었다는 사실이 고마웠다. 서로의 어깨를 붙들고, 각자의 자리에서 최선을 다한 동료들이 있었기에 가능했다. 함께했다는 사실이 그 어떤 결과보다 값졌다.

뒤이어 우리는 인천시청으로 향했다. 인천시청 1층 로비에서 인천고등법원 유치를 기념하는 공식 행사에 참여하기 위해서다. 150명이 넘는 내빈이 자리를 함께했고, 로비 한쪽에는 '인천고등법원 설치를 축하합니다'라는 플래카드가 걸려 있었다. 몇 달 전까지만 해도 수없이 들락거리던 그 시청에서 이제는 결과를 함께 기념하기 위해 모였다는 사실이 실감 나지 않았다.

행사는 차분하게 진행되었다. 시장님의 축사가 있었고, 유치 활동에 이바지한 이들에게 감사패가 수여되었는데, 나도 그중 하나였다. 단체 사진을 찍는 순간 연신 터지는 카메라 플래시에 순간 멍해졌다. 긴 꿈에서 막 깨어나는 듯한 느낌. 들뜨기보단 알싸하고, 가볍기보단 묵직한 기분이었다. 그렇게 인천고등법원 유치를 위한 모든 공식 행사는 끝났다.

다시 일상으로 돌아가야 할 시간이다. 한 명의 변호사로서, 본래의 자리에서 묵묵히 할 일을 해야 할 때다. 하지만 이번 일은 쉽게 잊히지 않을 것이다. 인천에 드디어 고등법원이 생겼다. 단순한 사법기관 하나의 신설이 아니다. 이건 인천이라는 도시가 그 위상과 자존감을 회복해가는 여정의 한 이정표였다.

그날 마음속으로 조용히 되뇌었다.

"그동안 유치 활동을 하면서 도와주신 모든 분을 기억합니다. 앞으로도 그분들과 좋은 일로 다시 만났으면 합니다. 인천에 드디어 고등법원이 생기다니. 꿈이 이루어졌습니다."

인천에 고등법원이 생기면 겪게 될 변화들

2024년 11월, 인천고등법원 설치법안이 국회 전체회의를 통과했고, 2025년 3월에 법률이 공포되었다. 이제 인천고등법원은 희망 사항이 아니라 정부 계획에 반영된 실제 기관이 되었다. 청사 부지가 확정되고, 설계와 예산이 마련되며, 판사와 직원이 배치되기까지는 시간이 더 걸리겠지만, 2027년 개원을 목표로 인천은 이제 본격적인 준비에 들어갔다.

그날이 오면, 인천 시민의 일상은 분명 달라질 것이다. 서울고등법원까지 먼 길을 떠나야 했던 수많은 시민이 더 가까운 곳에서 항소심 재판을 받을 수 있게 된다. 부천과 김포를 포함한 인천 전역의 시민이 실질적인 혜택을 입는다. 법원이 가까워진다는 건, 단지 물리적인 거리만을 뜻하지 않는다. 억울함을 풀기 위해 감당해야 했던 시간과 비용, 심리적 부담이 그만큼 줄어든다는 의미다. '법 앞의 평등'이라는 말이 한층 구체적이고 현실적인 문장으로 다가오는 변화다.

인천 법조계에도 큰 변화가 예상된다. 지금보다 많은 법조인이 인천에 머물고, 법률 서비스는 더욱 풍부해질 것이다. 사법기관 하나가 들어선다고 도시의 구조가 바뀌는 것은 아니지만, 법의 무게가 지역 안에 스며든다는 점에서 도시의 기능은 점차 단단해지고, 인천이 '자신을 감당할 수 있는 도시'로 나아간다는 감각이 만들어질 것이다.

그러나 인천고등법원은 인천만을 위한 법원이 아니다. 파주, 고양, 연천 등 수도권 서북부의 시민들에겐 서울보다 인천이 더 가까운 법적 선택지다. 이 법원은 사법 서비스의 사각지대를 메우는 공간으로써 수도권 전체의 균형을 바로잡는 역할도 함께 맡게 된다.

그동안 인천은 수도권임에도 불구하고 고등법원 하나 없이 430만 명의 시민이 서울고등법원까지 의지해야 했다. 수원에는 이미 고등법원이 있었고, 서울은 여러 기능을 집중해왔던 반면, 인천은 늘 그늘진 쪽에 놓여 있었다. 이번 유치는 그런 불균형을 해소하는 상징적인 사건이며, 서울 중심의 사법구조 속에서 인천이 독립적인 위치를 확보하게 되는 의미 있는 전환점이다. 무엇보다 이번 일은 행정적인 조정이나 정치적 결정으로만 이뤄진 일이 아니다. 오랜 시간 거리에서 시민들이 모은 서명, 수차례의 토론회와 간담회, 여야를 넘은 정치인들의 협력과 연대가 만들어낸 결과다. 이 도시에 사는 사람들이 스스로 권리를 말하고, 바꾸고, 쟁취해낸 하나의 증거이기도 하다.

그렇기에 '인천고등법원 설립'은 하나의 기관이 세워지는 것이 아니라, '멀어진 권리'를 '가까운 권리'로 되돌리기 위한 집단적인 노력의 결실이라 할 수 있다. 하지만 여기서 끝은 아니다. 고등법원이 생긴다는 사실 자체만으로 변화가 완성되지는 않는다.

중요한 것은 '법원이 어떻게 운영되는가', '누구를 위한 공간이 되는가' 이다.

도시는 끊임없이 변하고, 사법 서비스의 형태도 변한다. 그 흐름 속에서 우리가 놓치지 말아야 할 것은, 제도가 작동하는 방식에 따라 시민의 권리가 실제로 실현되기도 하고, 때로는 조용히 배제되기도 한다는 사실이다. 그래서 우리는 겉으로 드러난 변화에만 안심할 수는 없다. 무엇이 잘 작동하고 있는지, 무엇이 조용히 빠져나가고 있는지를 조심스럽게 살펴볼 필요가 있을 것이다.

내가 그려보는 인천

2028년 인천고등법원 개원이 확정되고, 해사법원 유치 운동이 활발히 진행되는 지금, 인천은 또 하나의 도약을 준비해야 한다. 바로 '인천국제법조타운'의 조성이다. 국내에 흩어져 있는 국제 업무 담당 법원과 분쟁 해결 기구들을 한곳에 모아 동북아시아의 명실상부한 법률 허브로 자리매김하려는 구상이다. 최근 사법부와 법조계의 움직임은 이러한 구상에 뚜렷한 동기를 부여하고 있다.

2024년 10월 대법원 국제분쟁해결시스템연구회가 국가지식재산위원회 등과 함께 개최한 세미나는 그 출발점이라 할 만하다. 연구회는 노태악 대법관을 회장으로, 전국의 각급 법관 56명이 발기인으로 참여해 발족했다. 목표는 분명했다. 대한민국을 국제 상사 및 지식재산 분쟁 해결의 아시아 중심지로 성장시키는 것이다. 노태악 회장은 세계지식재산기구(WIPO)가 미국과 유럽 중심으로 운영되고 있는 현실을 짚으며, 국제특허출원 세계 4위, 국제상표출원 세계 9위에 이르는 한국이 정작 국제무대에서는 소외되고 있다는 점을 지적했다. 그리고 대안으로 아시아 지식재산 분쟁 조정센터나 전문법원을 우리나라, 그중에서도 관문 도시 인천에 설치할 것을 제안했다.

이 제안은 시의적절했다. 유럽연합이 2023년 6월 단일 특허 보호와 침해 방지를 위해 유럽통합특허법원(UPC)을 출범시킨 것처럼, 아시아 역시 자체적인 지식재산권 분쟁 해결 장치를 마련해야 한다. 지금까지는 역내 국가들이 분쟁 해결을 위해 멀리 유럽이나 미국까지 가야 했고, 그 과정에서 막대한 비용과 시간이 소요되었다. 그러나 아시아 내부에 효율적인 해결 기구를 두게 된다면 이러한 불편은 크게 줄어들 것이며, 아시아 국가들의 권익을 지키는 데도 실질적 도움이 될 것이다. 세계 6위의 무역대국인 우리나라의 입장에서, 이는 결코 미룰 수 없는 과제다.

특허와 상표는 속지주의 원칙에 따라 각국에 개별적으로 권리를 확보해야 하는 특성이 있다. 따라서 국제분쟁의 발생 가능성은 늘 존재한다. 기업들이 안정적으로 사업을 이어가기 위해서는 신속하고 전문적인 해결 체계가 필수적이다. ICT, 생명공학, 콘텐츠 산업 등에서의 지식재산권은 이미 국가 경쟁력의 핵심으로 떠올랐다. 그만큼 분쟁 해결을 위한 법적 장치 역시 세계적 수준에 맞추어야 한다.

이러한 국제 IP 전문법원이나 분쟁센터를 유치하기에 최적의 장소는 다름 아닌 인천이다. 인천국제공항에서 불과 30분 거리인 송도국제도시와 영종 국제도시는 이미 국제적 접근성을 충분히 확보했다. 컨벤션센터와 사무용 빌딩 같은 인프라도 잘 갖추고 있으며, 서울과의 연결성도 우수하다. 세계적으로 국제분쟁 해결 허브로 자리 잡은 도시들의 사례는 분명한 길잡이가 된다. 싱가포르 맥스웰 체임버스는 세계 최고 수준의 국제 중재 시설을 갖추었고, 주요 국제 중재기관들이 입주하며 아시아 대표 허브로 부상했다. 런던과 파리 역시 오랜 법치 전통과 국제 로펌, 중재기관, 전문법원의 집적 효과를 바탕으로 세계 법률 서비스의 중심지가 되었다. 인천은 이러한 도시들과 비교해도 손색없는 조건을 가지고 있다.

'인천국제법조타운'이 실현된다면 기대되는 효과는 막대하다. 해사법원, 국제분쟁센터, 국제 IP 분쟁 재판부, WIPO 아시아 지부, 아시아 지식재산권 분쟁조정센터 등이 한데 모임으로써 업무 효율성이 극대화되고 기관 간 협력이 활발히 이루어질 것이다. 국제 중재와 소송 유치를 통한 법률 서비스 수익의 증가, 대형 로펌과 컨설팅 기업, 회계법인 등의 집적, 그리고 이를 뒷받침하는 통번역, MICE, 숙박, 관광 산업의 성장도 기대된다. 양질의 일자리가 창출되고 지역 경제가 활성화되는 효과는 말할 것도 없다. 더 나아가 국제 규범 형성에서 대한민국의 발언권이 강화되고, 국내 기업들은 해외 분쟁 발생 시 시간과 비용을 크게 줄이며 신속한 법률 지원을 받을 수 있게 된다.

그러나 이를 현실로 만들기 위해서는 인천시의 적극적이고 체계적인 준비가 필수적이다. 송도와 영종에 국제 중재와 소송을 위한 첨단 법정 시설, 대규모 회의장, 스마트 사무용 빌딩을 조성해야 한다. 해외 법률 전문가와 그 가족들이 생활하기 좋은 환경도 마련해야 한다. 국제학교, 외국인 친화 병원, 문화와 편의시설의 확충은 선택이 아닌 필수다. 또한, 국제 로펌과 기관 유치를 위한 세제 혜택과 규제 완화 같은 파격적 인센티브도 필요하다. 국제적으로 명망 있는 중재인과 변호사, 법학자를 초빙해 그들의 활동을 적극적으로 지원해야 하며, WIPO, ICC, UNCITRAL 등 주요 국제기구와의 협력 관계를 강화해야 한다. 정부와의 유기적인 협력체계, 아시아 각국과의 외교적 합의 역시 뒷받침되어야 한다.

대법원 연구회의 출범은 이러한 시대적 요구를 반영하는 움직임이다. 인천지방변호사회도 이에 보조를 맞추어 인천시에 제안을 이어가야 한다. WIPO 아시아 지부 유치, 아시아 지식재산 분쟁조정 센터 설립 같은 구체적 과제를 실현하기 위해 행정적 지원을 강력히 요청해야 한다. 나 역시 변호사로서 동료들과 함께 인천이 국제기구와 전문법원을 성공적으로 유치하도록 모든 노력을 다할 것이다.

인천은 이미 물류 허브로 자리 잡았다. 그러나 거기에 머물지 않고, 세계적인 분쟁 해결과 법률 서비스의 중심지로 우뚝 서야 한다. '인천국제법조타운'은 그 목표를 향한 첫걸음이 될 것이다. 그리고 그날, 인천은 동북아를 넘어 세계의 법률 지도를 새롭게 그려 나갈 것이다.

부록

✔ [자료 1] 인천고등법원 유치까지의 여정

2019년

＊9월, 인천고등법원과 인천 북부지원의 설치 필요성을 주제로 한 첫 토론회가 열렸다. 이 논의는 그해 여름, 몇몇 법조인과 시민단체가 문제의식을 공유하면서 시작되었다.

2020년

＊6월, 인천고등법원 설치를 위한 법률 개정안이 국회에 발의되었다.
＊10월부터 2021년 4월까지, 인천지방법원 앞과 국회의사당 앞에서는 인천지방변호사회와 시민, 시의원, 국회의원 등이 참여한 1인 시위가 이어졌다.

2021년

＊1월, 인천고등법원 유치와 관련해 조용주 변호사를 비롯한 시민 330명이 헌법소원을 제기했다.
＊5월, '인천고등법원 설립을 위한 경과와 대책'을 주제로 한 세미나가 열렸다.
＊12월, 국회에서는 인천고등법원 설립 준비를 위한 토론회가 개최되었다.

2022년

＊4월, 인천연구원은 인천고등법원 설립의 타당성과 파급효과에 관한 연구 용역에 착수했다.

＊4월 12일, '인천고등법원 유치 범시민 추진위원회'가 출범했다. 총 145명의 위원이 이름을 올렸다.

＊5월 19일부터 8월 17일까지, 100만인 서명운동이 전개되었다. 약 3개월 동안 인천의 거리 곳곳에서 시민들의 자발적인 참여가 이어졌고, 8월 18일 서명운동 종료 시점에는 총 1,110,160명의 서명을 받아냈다. 이를 기념하는 자리가 같은 달 23일에 열렸다.

＊11월 13일, 국회 정책토론회가 다시 열렸다.

＊12월 18일, 국회 법제사법위원회 위원장을 직접 찾아가 시민 건의문을 전달했다.

2024년

＊2월 13일, 인천고등법원 유치 입법 촉구를 위한 삭발식이 단행되었다.

＊2월부터 10월 사이, 총 4차례의 국회 앞 집회가 이어졌다.

＊4월 24일, 법률 개정안이 다시 발의되었다.

＊11월 26일, 국회 법제사법위원회 제1소위원회에 법안이 상정되어 심의·가결되었다.

＊11월 27일, 법사위 전체회의에서도 심의·가결되었으며, 11월 28일 제418회 정기회 제13차 본회의에서 최종 통과되었다.

＊12월 20일, 「각급 법원의 설치와 관할구역에 관한 법률」 일부 개정안이 공포되었다.

＊2028년 3월 1일, 마침내 인천고등법원이 개원한다.

✔ [자료 2] 언론 인터뷰 (1)

[뉴스더원 인천] 장철순 기자 (2023년 2월 1일)

"인천고등법원 유치 올해가 적기…… 인천 시민의 힘이 필요합니다"

조용주 변호사(52)가 인천지방변호사회 인천고등법원 유치특별위원회 위원장을 맡은 후 두 주먹을 불끈 쥐었다. 지난 2019년부터 시작한 인천고등법원 유치 활동을 이제는 개인 변호사가 아닌 인천변호사협회 간판을 갖고할 수 있기 때문이다. 그만큼 공신력과 조직체계를 꾸릴 수 있게 돼 더욱 활발한 활동이 가능해졌다는 의미다.

그는 "2023년이 인천고등법원 유치에 가장 적기라고 본다"며 "때를 놓치게되면 4년을 더 기다려야 한다"고 강조했다. 그는 "우선 인천지방변호사회내에 추진위원회를 구성하는 게 급선무"라며 "2월 중에 젊은 변호사 10여명으로 추진위원회를 만들고 인천시와 힘을 모아 나갈 계획"이라고 밝혔다.

또 유정복 인천시장을 비롯해 조용익 부천시장, 김병수 김포시장은 물론이고, 국회 법제사법위원회 소속 국회의원들을 일일이 만나 인천고등법원 유치와 관련해 협조를 끌어낸다는 구상이다.

그는 "2023년이 왜 중요하냐"는 질의에 정치적 함수관계가 있다고 설명한다.

보통 각지, 각 분야에서 올라온 법안 등이 국회에서 처리되지 않고 있다가국회의원 임기 막바지에 여·야의 정치적 계산 등이 맞물려 통과되는 일이 허다하다는 것이다.

2024년 4월 10일이 제22대 국회의원 선거일이어서 올해 이 문제를 해결하지 않으면 또다시 표류할 가능성이 크다고 분석한다.

그는 "올해 인천시와 함께 100만 명 서명운동을 펼치고, 그 결과를 갖고 국회의원들을 설득해야 한다"고 말했다.

그는 수원고등법원 유치가 가능했던 것은 김진표 의원을 중심으로 경기도 남부권의 민주당 의원들이 똘똘 뭉치고, 시민들이 힘을 몰아줬기 때문에 가능했다고 진단했다.

그는 특히 "인천 시민 100만 명 서명운동의 중심에는 인천시장이 서 있어야 해서 범시민추진위원장을 유정복 인천시장이 맡고, 부천과 김포시장 등이 공동위원장으로 함께 힘을 모아야 한다"고 목소리를 높였다.

그러나 그는 최근 인천시가 인천고등법원과 해사법원 유치를 묶어 TF(태스크포스)를 가동한 것과 관련해 이견을 보였다.

그는 "인천고등법원은 인천, 부천, 김포 시민들에게 정말 필요해서 신설하려고 하는 것이지만 해사법원은 부산, 서울 등 다른 지역과 경쟁을 해서 유치하려는 것이어서 그 의미가 다를 수 있다"며 "더구나 인천에는 바다와 배만 있고, 변호사와 대학, 교수, 해운회사 등 해사법원 인프라가 전혀 갖춰지지 않아 큰 효과가 없다"고 꼬집었다.

그는 "인천고등법원과 해사법원 유치를 동시에 추진해 성공할 수도 있지만, 전략적으로 손실을 줄 가능성도 있어 집중과 선택이 필요하다"고 주장했다.

이 같은 그의 견해는 인천시가 추진하고 있는 인천고등법원과 해사법원 유치를 위한 범시민 서명운동 방향과 다른 것이어서 어떻게 정리될지 주목되고 있는 대목이다.

그는 "인천고등법원 유치의 관건은 시민에게 달려 있다"며 "시민 홍보를 위한 전략도 인천시와 협의해 재구축해야 한다"고 말했다.

그가 인천고등법원 유치에 나서게 된 것은 지난 2019년이다.

그는 인천에서 태어나 송현초, 동산중·고를 나온 인천 토박이다. 지난 2003년부터 3년 동안 인천지법에서 판사로 근무하기도 했다.

서울에서 변호사 개업을 하고, 인천으로 내려와 학익동에 법무법인 '안다.' 사무실을 냈다.

그는 "돈 버는 일은 아니지만, 인천 사회와 법조 후배들에게 중요한 걸 만들어 주고 싶어 인천고등법원 유치를 시작하게 되었다"고 털어놨다.

그는 김교흥 국회의원 후보를 설득해 선거공약으로 채택해 줄 것을 처음으로 제안했다고 한다. 이후 서구지역 신동근 의원과 김교흥 의원은 2020년 6월 제21대 국회 1호 법안으로 인천고등법원 설치법안을 발의했다.

그러나 그해 7월 국회 법제사법위원회는 "인천지법 관할구역의 인구 규모가 대구고등법원 등 타 기관 관할구역에 비해 적고, 사건 수도 많지 않아 인천고등법원 설립 필요성이 높지 않다"는 부정적인 검토 보고가 나왔다. 이후 법안은 계류 중이다.

그는 이 검토보고서에는 부정적인 측면만 있었던 게 아니고 서울고등법원의 과밀문제가 심각해 인천고등법원 신설로 분산 효과를 얻을 수 있다는 장점도 검토되었다고 밝혔다.

그는 인천고등법원과 관련해 전문가, 국회의원 등이 참여한 세미나를 잇달아 개최하며 당위성 확보에 나서기도 했다.

지난 2021년 11월. 인천 시민, 지역 법조인, 정치인 등 304명이 헌법재판소에 헌법소원을 청구할 때 법무법인 '안다'가 소송대리인을 맡아 무료로 진행하고 있다.

청구인에는 더불어민주당 소속 현역 국회의원 9명(김교흥·윤관석·유동수·

신동근·이성만·홍영표·허종식·박찬대·정일영)과 국민의 힘 소속 전 국회 의원 2명(황우여·홍일표) 등 인천 전·현직 국회의원, 신은호 인천시의회 의 장 등 시의원 34명이 포함되었다. 인천 시민과 법조인, 예술인 등도 헌법소 원에 동참했다.

청구인들은 인천지법, 인천지법 부천지원, 인천가정법원의 각 민사, 형사, 가 사, 행정 합의 사건의 항소심을 관할하는 고등법원이 없어 헌법상 기본권인 재판 청구권과 평등권을 침해받고 있다고 주장했다.

현재 인천지법 관할 인구는 인천시와 경기도 부천·김포를 포함해 약 430만 명에 이른다. 인천, 부천, 김포시민들은 인천고등법원이 없어 신속한 재판을 받을 권리를 보장받지 못하고, 고등법원이 있는 다른 지역의 시민과 비교했 을 때 평등하지 않다는 것이다.

2020년 7월 첫 세미나에는 김교흥·허종식·이성만·윤관석·신동근·박찬대· 유동수·홍영표·정일영 등 인천을 지역구로 둔 민주당 의원 9명이 대거 참 여했다. 그는 인천고등법원 유치 활동을 해온 지난 4년이 절대 헛되지 않았 다고 자부한다.

국회의원 선거, 지방선거 때 여·야를 가리지 않고 오로지 인천고등법원 유 치를 위해 공약으로 채택해 달라고 읍소하고, 만나는 시민들에게 고등법원 의 필요성을 설명한 일 등이 주마등처럼 스쳐 지나갔다.

변협 내부의 일부 곱지 않은 시선도 그의 뜨거운 열정을 꺾지는 못했다.

그는 "박남춘 시장에 이어 민선 8기 유정복 시장도 공약으로 내건 만큼 인 천 시민의 역량을 결집해 나가는 일만 남았다"며 "연내에 국회 계류 중인 법 안이 처리될 수 있도록 온 힘을 쏟겠다"고 다짐했다.

[굿모닝 인천] 임성훈 편집장 (2025년 1월호)

-굿인이 만난 사람 : 조용주 변호사

"인천고등법원 유치의 결정적 힘은 100만 명 서명운동"

인천고등법원 설치법안이 지난해 11월 국회 본회의를 통과했다. 이에 따라 2028년 3월 인천고등법원이 개원, 인천을 포함한 부천과 김포 시민 430만 명이 헌법상 권리인 신속한 재판을 받을 권리를 누릴 수 있게 되었다. 고등법원 유치는 인천 시민의 숙원이었다. 인천고등법원 유치 특별위원장인 조용주 변호사는 고등법원 유치의 일등 공신이다. 법안 통과 후, 그가 몸담은 인천 남구 학익동의 법무법인을 찾아가 보았다.

나는 인싸(인천을 사랑하는) 변호사다!

'인사변호사 조용주'

조용주 변호사의 명함에 적혀있는 문구다. 본인이 스스로 '인싸(Insider)'임을 천명하는 줄 알았는데, 다시 들여다보니 앞에 수식어가 있다. '인천을 사랑하는 인사변호사'. '인사'는 '인천을 사랑하는'의 줄임말이었다. 명함을 뒤집으면 나오는 'For Inchon'이란 문구도 눈에 띈다. 이 문구는 단지 활자에 머물지 않았다. 그는 이 문구에 천착했고 드디어 지난해 값진 열매를 맺었다. 바로 인천고등법원 유치다.

"사법 서비스 수준이 높아져 비용이나 시간 등 시민들의 부담이 줄어들게 된 점에 큰 의미를 둘 수 있습니다. 하지만 개인적으로 가장 큰 의미는 인천의 위상(이 높아진 것)이라고 생각합니다."

인천고등법원 유치가 인천에서 갖는 의미를 묻자 역시 '인사변호사'다운 답변을 내놓았다. 그는 "전국에 6개 고등법원이 있는데 인천에만 없다는 것은 차별이고, 도시의 위상이나 성장성 등으로 보더라도 인천에 고등법원이 있어야 하는데 그러지 못했다"며 "인천고등법원 설치법안 발제부터 법안이 통과될 때까지 인천 사람으로서 인천의 위상을 높이는 일에 관여해 성과를 냈다는 게 감개무량하고 기쁘다"고 말했다. 조 변호사는 인천만의 독자적인 사법권을 갖추게 된 것에 대해서도 큰 의미를 부여했다.

"인천고등법원이 법조계에서 갖는 의미는 일종의 '사법 분권'을 실현했다는 것입니다. 지금까지는 국선변호사 선발 등 인천 사법행정의 주권이 서울에 있었습니다. 하지만 인천에 고등법원이 생기면 관련 행정사무가 지역에서 자체적으로 결정되기 때문에 인천에 맞는 사법 정책을 펼 수 있게 됩니다."

조 변호사는 2019년부터 인천고등법원 유치위원장으로 활동했다. 인천고등법원의 미설치가 헌법에 어긋난다는 취지의 헌법소원을 제기하고 세미나를 개최하는 등 굵직굵직한 유치 활동을 주도했다.

이밖에 자비로 홍보영상을 제작하고 스티커를 수백 장 만들어 변호사들에게 나눠주면서 차에 부착하도록 했다. 그런가 하면 국회 앞에서 1인 시위를 벌이는 등 고등법원 유치를 위해 물불을 가리지 않았다. 모두가 인천고등법원 유치라는 직조물의 씨줄과 날줄이 되었다. 하지만 그가 꼽은 가장 값진 활동은 '100만 명 서명운동'이다.

"지난 2023년 5월부터 8월까지 진행된 인천고등법원 유치 서명운동에 인천 시민 111만 명이 참여했어요. 시민들의 성원이 고등법원 유치에 가장 결정적인 힘이 되었다고 생각합니다."

그는 그동안의 고등법원 유치 활동을 집대성한 책자를 올해 발간할 계획이다. 이미 단순 제본 형태로 제작한 3부를 법원행정처장 등에게 전달하며 협조를 구했는데 분량이 벽돌 두께다. 자료를 추가·보완해 정식 책자로 발간하면 인천에 또 하나의 유의미한 기록물이 탄생하게 된다.

헌법소원심판청구서

청 구 인 별지 1 '청구인 목록'

위 대 리 인 법무법인 안다

　　　　　　담당변호사 조용주, 김성일, 김종무, 김정은, 윤진희

　　　　　　인천 미추홀구 소성로197, 501호(학익동, 홍문빌딩)

　　　　　　T. 032) 867-0100　　F. 032) 867-0157

피 청 구 인 대한민국 국회

청 구 취 지

주위적으로,

　　"피청구인이 인천지방법원, 인천지방법원 부천지원, 인천지방법원 가정

　　법원의 각 민사, 형사, 가사, 행정 합의사건의 항소심을 관할하는 고등법

　　원을 별도로 설치하는 법령을 제정하지 아니한 부작위는 청구인들의 재

　　판청구권, 평등권을 침해한 것이므로 위헌임을 확인한다" 라는 결정을,

예비적으로,

　　"각급 법원의 설치와 관할구역에 관한 법률(2019. 3. 1. 법률 제12419호)

제4조 제1호 [별표3]은 헌법에 위반된다" 라는 결정을,

구합니다.

침 해 된 권 리

헌법 제27조　재판청구권

헌법 제111조 지방자치제도의 보장을 통하여 파생되는 기본권

헌법 제11조　평등권

침 해 의 원 인

주위적으로,

　피청구인이 인천지방법원, 인천지방법원 부천지원, 인천지방법원 가정법원
의 각 민사, 형사, 가사, 행정 합의사건의 항소심을 관할하는 고등법원을
별도로 설치하는 법령을 제정하지 아니한 부작위

예비적으로,

　각급 법원의 설치와 관할구역에 관한 법률(2019. 3. 1. 법률 제12419호) 제4
조 제1호 [별표3].

청 구 이 유

1. 청구인 능력(재판청구권 등 기본권의 주체)

청구인들은 인천광역시, 부천시, 김포시 등지에 거주하는 주민들이거나, 인천 고등법원설치운동을 벌이고 있는 단체입니다. 청구인들 중 자연인에게 청구 인능력을 인정할 수 있다는 점에는 이론이 있을 수 없고, '법인 아닌 사단'이 라하더라도 대표자의 정함이 있고, 독립된 사회적 조직체로서 활동하는 때에 는 성질상 법인이 누릴 수 있는 기본권을 침해당하게 되면, 그의 이름으로 헌법소원심판청구를 할 수 있다'는 것이 헌법재판소의 확립된 견해이고, 재판 청구권과 평등권 등을 자연인만이 향유할 수 있다고 볼 수 없으므로, 청구인 들 중 사적 결사에게 청구인 능력이 인정된다는 점에 대하여는 별 의문이 없 다고 할 것이므로 이 사건의 청구인으로 참여하였습니다.

2. 주위적 청구 관련

가. 입법부작위의 위헌확인을 구하는 헌법소원을 청구하게 된 경위

(1) 사법절차적 기본권보장 및 원외재판부의 설치

고등법원소재지로부터 원거리에 거주하는 주민에 대한 편의증진 및 신속한 재판을 받을 권리를 보장하기 위하여 법령을 개정하였고 이에 따라 지방법원 소재지에 고등법원의 원외재판부를 설치하여 재판사무를 처리하게 할 수 있도록 하였습니다.

1995. 3. 1. 제주지방법원 소재지에 광주고등법원 제주부를 설치하였습니다. 그리고 전주지방법원 관할 사건에 대한 항소심을 관할하고 있는 광주고등법원은 전라북도 각 지역에서 멀리 떨어져 있고, 매우 열악한 환경에 놓여 있다는 점을 들어 전주지방법원 소재지에 광주고등법원 전주부를 2006. 3. 1. 설치하였으며, 이와 비슷한 취지로 청주지방법원 소재지에 대전고등법원 청주부를 2008. 9. 1. 설치하였습니다.

또한 강원도 면적은 전국에서 두 번째로 넓을 뿐만 아니라 산세가 험하고 도로의 굴곡이 심해 교통망이 취약하여 강원도민이 항소심을 제기할 경우 광범위한 지역 특성상 멀게는 300km를 왕래해야 하는 불편과 시간적 경제적 손실을 보고 있으며, 신속한 재판을 받을 권리를 침해당하고 있다는 이유로 춘천고등법원 설치의 타당성을 제기하여 서울고등법원 춘천부가 설치되기에 이르렀습니다. 인천도 이러한 이유로 인천지방법원에 서울고등법원 인천원외재판부가 2019. 3.경에 설립되기도 하였으나 아래에서 보는 것처럼 인천지역의 특수성을 고려할 때 원외재판부만으로는 인천 지역 주민의 기본권 보장에 한계가 있습니다.

위와 같이 사법부는 헌법에 보장된 국민의 기본권을 실질적으로 구현하기 위하여 '국민을 위한 사법봉사와 법조개혁'이라는 기치를 걸고 재판청구권의 효율성 제고를 위한 제반 제도를 개선하여 왔습니다.

(2) 과밀화된 수도권 주민을 위한 사법절차적 기본권 보장의 필요성

위와 같은 원외재판부의 설치는, 헌법 제27조 제1항에서 규정하는 재판청구권을 실질적으로 보장한다는 점, 사법서비스의 제공을 통하여 지방자치를 실질적으로 구현한다는 점을 이념적 토대로 합니다. 제주와 전주, 청주지역은 원외재판부의 신설만으로 소기의 목적을 달성할 수 있으나, 서울고등법원의 관할인 인천, 부천 및 김포지역은 사정이 다릅니다. 서울고등법원의 경우 관할지역(서울특별시, 인천광역시, 경기도 북부, 강원도)이 넓고, 처리 사건 수가 날로 증대하고 있음에도 불구하고, 많은 사건 수에 비하여 재판을 받기 위한 충분한 재판부가 있지 않습니다.

인천, 부천 및 김포지역은 2015년부터 인천지방법원 관내에는 인구수가 많은 것 뿐만 아니라 사건 수에 있어서도 이미 고등법원 원외재판부가 설치된 타 소재지에 비해 사건 수가 평균 2배 이상에 이르고 있고, 인천은 송도 신항, 인천국제공항, 경제자유구역 등을 통하여 앞으로 다양한 경제주체들간의 소송사건이 빈번해질 것으로 예상됩니다. 그에 따라 사건 수도 계속적으로 증가할 것으로 예상된다는 주장을 대법원이 받아들여 서울고등법원 원외재판부를 설치하기로 하여 2019. 3.경에 이르러서야 민사재판부 1부를 설치하기에 이르렀습니다.

나. 입법부작위의 위헌성

(1) 재판청구권 규정의 해석상 도출되는 입법의무 존재

(가) 개설

진정입법부작위에 대한 헌법소원은, 헌법에서 기본권보장을 위하여 법령에 명시적인 입법위임을 하였음에도 입법자가 이를 이행하지 아니한 경우이거나, 헌법해석상 특정인에게 구체적인 기본권이 생겨 이를 보장하기 위한 국가의 행위의무 내지 보호의무가 발생하였음이 명백함에도 불구하고 입법자가 아무런 입법조치를 취하지 아니한 경우에 한하여 허용된다 할 것인바, 입법자에게 '인천지방법원, 인천지방법원 부천지원, 인천지방법원 가정법원의의 각 민사, 형사, 가사, 행정 합의사건의 항소심을 관할하는 고등법원(이하 '인천고등법원'이라 함)을 별도로 설치하는 법령'을 만들어야 할 헌법상 의무가 존재하는지 문제된다 할 것입니다.

(나) 재판청구권규정의 해석상 도출되는 입법의무

1) 재판청구권의 헌법상 보장

헌법 제27조 제1항은 '모든 국민은 헌법과 법률이 정한 법관에 의하여 법률에 의한 재판을 받을 권리를 가진다'라고 규정하여, 법원이 법률에 기속된다는 당연한 법치국가적 원칙을 확인하고, '법률에 의한 재판, 즉 절차법이 정한 절차에 따라 실체법이 정한 내용대로 재판을 받은 권리'를 보장하고 있습니다.

2) 재판청구권의 실현을 위한 입법형성권

재판청구권의 실현은 재판권을 행사하는 법원의 조직과 소송절차에 관한 입법에 의존하고 있기 대무에 입법자에 의한 재판청구권의 구체적 형성은 불가피하며, 따라서 입법자는 소송요건과 관련하여 소송의 주체·방식·절차·시기·비용 등에 관하여 규율할 수 있다 할 것입니다.

3) 입법형성권의 한계

그러나 헌법 제27조 제1항은 권리구제절차에 관한 구체적 형성을 완전히 입법자의 형성권에 맡기고 있지 않습니다. 입법자의 입법형성권의 행사가 단지 법원에 제소할 수 있는 형식적인 권리나 이론적인 가능성만을 제공하는 데 그친 경우에는, 재판청구권을 사실상 무의미하게 만들기 때문입니다. 이러한 한계를 극복하기 위해서는 구체적인 타당성까지 고려하는 헌법적 고려가 필요합니다.

4) 입법형성권의 구체적 한계와 입법의무의 발생

재판청구권은 법적분쟁의 해결을 가능하게 하는 소송절차의 형성에 있어서 실효성 있는 권리보호를 제공하기 위하여 그에 필요한 절차적 요건을 갖출 것을 요청한다 할 것입니다. 비록 재판절차가 국민에게 개설되어 있다 하더라도 절차적 규정들에 의하여 법원에의 접근이 합리적인 이유로 정당화될 수 없는 방법으로 어렵게 된다면 재판청구권은 사실상 형해화될 수 있으므로 바로 여기에 입법형성권의 한계가 있다 할 것이고, 헌법해석상 적극적 입법의무가 발생한다 할 것입니다.

'헌법상 기본권으로서의 실체적 내용의 보장'을 재판청구권과 재판을 통해서보호받고자 하는 다른 기본권과 달리하여서는 아니된다 할 것입니다. 즉, 재판청구권도 입법부작위로 인하여 헌법에 보장된 실체적 내용이 훼손되어서는 아니된다 할것입니다. 그러기 위해서는 적정, 공평, 신속, 저비용의 재판을 받을 수 있는 사법제도가 전제되어야 할 것입니다. 그렇지 않으면 헌법상 재판을 받을 권리의 실체적 내용이 침해될 수밖에 없기 때문입니다.

(다) 헌법상 의무인 '인천고등법원설치와 관련된 법령 제정 의무'

1) 기본권보장을 위한 절차적 기본권인 재판청구권으로부터의 파생

가) 재판청구권의 핵심 내용 중 하나인 '신속한 재판을 받을 권리'

재판청구권은 국가에 대하여 기본권을 보장하기 위하여 재판을 청구하는 권리입니다. 따라서 재판청구권은 헌법상 보장된 기본권을 실질적으로 보장하기 위한 사법절차상 기본권이라 할 것입니다. 그렇다면, '기본권을 실질적으로 보장하기 위한 사법절차를 어떻게 마련할 것인가'의 문제는, 재판청구권의 핵심내용이라 할 것입니다.

그리고 헌법 제27조 제3항 제1문은 "모든 국민은 신속한 재판을 받을 권리를 가진다." 라고 규정하고 있습니다. 신속은 재판의 생명입니다. 지연된 재판은 아무리 정당한 재판일지라도 당사자에게는 무용지물이 됩니다. 정당한 이유가 없음에도 불구하고 재판을 지연시키는 것은 그만큼 피고인 또는 당사자에게 정신적 고통과 불안을 강요하는 것이 된다 할 것입니다. 그렇다면, 신속한 재판을 위하여 사법제도를 정비하는 것은, 사법절차적 기본권 보장을 위한 핵심사항에 해당한다 할 것입니다. 신속한 재판을 받을 권리에서의 '신속'의 개념은 분쟁해결의 시간적 단축 뿐만 아니라 효율적인 절차의 운영이라는 요소도 포함된다 할 것입니다.

나) 적정한 심급제의 보장은 '사법시스템에의 용이한 접근'으로 달성되어야 합니다.

재판청구권의 내용 중에는 독립적인 적정한 심급에서 재판을 받을 권리가 포함되는바, 심급제는 법원에 제기된 소송사건의 실체적 진실 또는 옳고 그름에 대한 사법적 판단의 공정성을 높이는 기능을 하며, 재판과정에서 법원의 오류가능성을 최소화하고 재판 결과의 예측가능성을 높이는 기능을 하기 때문입니다.

신속한 재판의 이념을 구현하기 위해서는 지역주민이 자신의 생활권 내에서 법원에 접근할 수 있는 권리의 보장이 전제되어야 합니다. 재판청구권을 구현하는 사법제도는 '사법서비스 시스템에 대한 용이한 접근'을 포함하고 있기 때문입니다. 재판청구권의 내용 중에는 '재판비용의 최소화'가 포함되어 있다고 보아야 하며, 그것을 위해 '사법서비스에의 용이한 접근'이 확보되어야 합니다.

"적은 비용으로 편리하게 주거지에서 쉽게 법원에 갈 수 있어야 한다."는 것은, '최종심인 대법원에서 최종적으로 판단해야 하는 사건이 아니라면, 어떤 사건이든지 적은 비용으로, 편리하게 주거지에서 쉽게 법원에 갈 수 있어야 한다'는 내용을 포함하고 있다 할 것입니다. '구체적인 사실'은 심리적·지리적 근거리에서 더 잘 보이는 법입니다. 현재 우리나라 법원의 구조와 위치는 너무 중앙집권적이고 대형화되어 있어 재판의 효율성과 생활근거지로부터의 접근성이 떨어집니다. 이하에서는 항을 바꾸어 고등법원설치와 관련된 객관적인 지표에 근거할 때, 인천고등법원의 설치는 신속한 재판을 받을 권리 및 용이한 사법서비스의 접근을 가능케 하는 유효·적절한 수단임을 강조하고자 합니다.

다) 신속한 재판을 받을 권리 및 용이한 사법서비스의 접근을 가능케하는 인천고등법원의 설치

① 개설

'신속'은 재판의 '생명'이고, 적정한 심급제의 보장은 '용이한 사법서비스의 접근'을 통하여 달성된다 할 것인바, 이는 재판청구권의 내실있는 보장을 위하여 반드시 갖추어져야 할 전제조건에 해당한다 할 것입니다. 인천고등법원의 설치는 이 전제조건을 충족할 수 있는 가장 현실적인 방안이라 할 것입니다.

② 인천고등법원 설치 필요성과 관련한 객관적 지표

㉮ 고등법원 설치와 관련한 객관적인 지표

고등법원 설치와 관련한 객관적 지표로 논의되는 것은 소송사건 수, 인구 수, 교통 사정, 지역적 특성 등이 있습니다. 이하에서는 대법원이 발간한 2017 사법연감의 통계를 근거로 인천고등법원 설치가 반드시 필요하다는 사실을 설명하고자 합니다. 그 이후의 사법연감에서도 비슷한 사건과 관련된 통계가 지속되고 있으므로 2017 사법연감의 통계만으로도 객관적 지표를 잘 알 수 있습니다.

㉯ 소송사건 수

어떤 지역에 고등법원이 설치되기 위해서는 그 지역에서 처리되는 소송사건 수가 일정 규모 이상인 점이 검증되어야 합니다. 그래야 소송사건의 적절한 지역적 분산 처리의 의미가 있기 때문입니다.

6. 제1심 민사본안 합의사건 누년비교표 – 법원별 접수

법원 \ 연도	2011	2012	2013	2014	2015	2016	2017	2018	2019	2020	평균
합 계	55,374	58,125	60,708	61,564	41,589	40,252	43,071	45,364	51,089	52,060 [44,954]	50,920 [50,209]
서울중앙지방법원	13,987	15,006	15,826	15,262	10,567	11,868	13,371	14,451	17,722	17,312 [10,206]	14,537 [13,827]
서울회생법원	-	-	-	-	-	-	148	60	218	325	188
서울동부지방법원	2,329	2,485	2,693	2,595	1,686	1,556	1,567	1,719	1,836	1,784	2,025
서울남부지방법원	2,576	2,839	2,924	2,796	1,996	1,707	1,682	1,729	1,880	2,080	2,221
서울북부지방법원	1,238	1,269	1,232	1,523	1,056	940	1,065	972	1,064	1,021	1,138
서울서부지방법원	1,631	1,767	1,935	2,029	1,369	1,278	1,300	1,393	1,297	1,444	1,544
의정부지방법원	1,600	1,595	1,576	1,756	1,175	1,013	1,035	1,143	1,237	1,341	1,347
고양지원	1,386	1,478	1,487	1,587	958	810	873	975	963	922	1,144
계	2,986	3,073	3,063	3,343	2,133	1,823	1,908	2,118	2,200	2,263	2,491
인천지방법원	2,452	2,549	2,791	2,583	1,689	1,490	1,541	1,692	1,860	1,910	2,058
부천지원	1,034	1,024	1,080	1,017	685	526	595	647	661	703	797
계	3,486	3,593	3,871	3,600	2,374	2,016	2,136	2,339	2,521	2,613	2,855
수원지방법원	2,670	2,778	2,925	2,889	1,922	1,859	1,991	2,237	2,394	2,602	2,427
성남지원	2,042	1,941	1,841	1,867	1,249	1,058	1,246	1,314	1,409	1,510	1,548
여주지원	344	341	367	461	298	269	262	258	264	273	314
평택지원	555	607	640	677	464	426	438	590	832	694	590
안산지원	1,054	1,155	1,236	1,257	765	657	717	696	762	842	914
안양지원	1,050	1,001	994	1,134	711	640	677	624	776	703	831
계	7,715	7,823	8,003	8,305	5,409	4,909	5,331	5,679	6,437	6,624	6,624
춘천지방법원	271	271	296	253	222	171	291	188	202	195	237
강릉지원	713	258	210	267	145	173	199	146	151	202	246
원주지원	285	346	287	267	218	224	224	262	215	308	264
속초지원	76	105	77	90	70	83	52	69	88	93	80
영월지원	103	114	110	104	93	116	120	85	73	77	100
계	1,448	1,094	980	981	748	767	878	750	747	875	927
대전지방법원	1,514	1,611	1,601	1,703	1,139	1,071	1,072	1,100	1,233	1,356	1,340
홍성지원	197	216	214	217	197	137	127	132	131	140	171
공주지원	109	104	132	96	109	66	67	70	61	38	83
논산지원	97	84	128	109	65	67	79	92	87	73	88
서산지원	321	337	636	320	234	194	179	232	206	211	287
천안지원	736	796	716	841	502	467	473	563	579	630	629
계	2,974	3,148	3,427	3,286	2,207	1,995	1,996	2,176	2,306	2,471	2,599
청주지방법원	771	808	784	804	547	492	522	517	542	578	637
충주지원	235	215	215	215	145	135	100	162	160	176	177
제천지원	64	68	95	81	46	44	61	72	71	59	66
영동지원	41	98	65	44	50	22	22	31	40	27	44
계	1,111	1,189	1,166	1,144	788	693	705	782	813	840	923
대구지방법원	1,622	1,785	1,857	1,727	1,180	1,259	1,254	1,415	1,522	1,566	1,519
서부지원	424	527	478	581	446	406	374	450	527	501	471
안동지원	130	141	161	118	108	96	92	103	85	118	118
경주지원	176	182	194	227	190	134	135	146	134	145	162
포항지원	248	254	294	292	193	222	222	217	224	212	238
김천지원	264	283	253	279	175	184	221	235	216	230	230
상주지원	60	64	84	94	62	76	59	55	66	70	69
의성지원	47	51	28	69	32	33	21	19	26	37	36
영덕지원	24	51	62	79	41	40	22	11	78	37	42
계	2,995	3,338	3,411	3,466	2,607	2,450	2,380	2,651	2,878	2,870	2,985
부산지방법원	2,745	2,978	3,069	2,994	1,801	1,686	1,538	1,225	1,462	1,451	2,095
동부지원	622	663	690	753	750	736	871	937	1,043	1,019	808
서부지원	-	-	-	-	-	-	341	454	527	620	486
계	3,367	3,641	3,759	3,747	2,551	2,422	2,750	2,616	3,032	3,090	3,098
울산지방법원	887	1,013	1,065	1,149	747	730	751	923	982	888	914
창원지방법원	1,153	1,155	1,210	1,299	848	780	743	800	867	973	963
마산지원	355	300	322	335	200	202	208	196	206	196	237
진주지원	293	285	315	327	223	235	225	231	237	225	260
통영지원	80	89	111	119	79	75	63	83	87	107	89
밀양지원	69	106	65	99	50	42	41	44	46	55	59
거창지원	—	—	—	—	—	—	—	—	—	—	—
계	2,155	2,245	2,394	2,515	1,671	1,603	1,540	1,580	1,840	1,918	1,964
광주지방법원	1,628	1,711	1,831	2,253	1,354	1,262	1,135	1,235	1,366	1,534	1,534
목포지원	695	354	326	556	352	317	342	221	194	205	332
장흥지원	32	42	47	44	38	34	35	40	17	23	35
순천지원	589	646	648	841	462	307	438	352	366	426	508
해남지원	98	73	64	99	99	79	71	85	57	65	78
계	2,802	2,829	2,916	3,793	2,508	2,082	2,148	1,833	1,869	2,085	2,487
전주지방법원	768	787	907	858	563	491	519	587	543	608	663
군산지원	352	344	387	415	314	305	328	199	216	224	309
정읍지원	118	163	206	150	78	119	55	93	79	82	114
남원지원	54	54	64	75	50	81	38	143	36	44	64
계	1,292	1,348	1,564	1,498	1,005	996	950	1,022	874	958	1,151
제주지방법원	395	425	479	532	367	417	465	571	573	599	482

220

5. 제1심 형사공판 합의사건 누년비교표 – 법원별 접수

법 원 \ 연 도	2011	2012	2013	2014	2015	2016	2017	2018	2019	2020	평 균
계	19,689	31,278	20,330	21,677	19,796	21,176	19,790	19,893	18,255	19,463	21,135
서울중앙	2,555	2,590	2,321	2,319	1,985	2,130	2,001	2,011	1,627	1,513	2,115
서울동부	518	760	504	512	551	486	523	467	499	553	537
서울남부	775	1,162	767	834	827	923	881	869	680	808	853
서울북부	649	802	520	708	607	783	662	640	545	685	660
서울서부	567	703	630	497	505	582	537	472	668	395	536
의정부 본원	572	1,049	740	579	643	723	540	543	472	743	660
고양	305	556	319	385	359	400	356	361	380	433	385
의정부 계	877	1,605	1,059	964	1,002	1,123	896	904	852	1,176	1,046
인천 본원	1,295	1,753	1,136	1,264	1,265	1,277	1,072	1,201	1,305	1,176	1,274
부천	310	531	341	398	502	410	371	387	355	402	401
인천 계	1,605	2,284	1,477	1,662	1,767	1,687	1,443	1,588	1,640	1,578	1,675
수원 본원	1,008	1,657	1,240	1,031	1,074	1,028	1,089	826	1,012	1,006	1,097
성남	317	696	419	456	441	479	387	384	462	493	453
여주	135	280	151	139	122	133	141	128	138	174	154
평택	288	582	270	281	207	231	289	280	225	299	294
안산	400	819	551	522	484	588	458	565	478	519	538
안양	288	432	297	312	257	380	390	254	228	273	311
수원 계	2,436	4,466	2,928	2,741	2,585	2,839	2,754	2,437	2,543	2,754	2,848
춘천 본원	328	342	190	172	165	160	178	195	172	192	209
강릉	159	215	136	203	135	113	139	137	104	135	148
원주	86	293	108	231	143	139	131	167	156	121	158
속초	44	121	67	71	53	56	69	44	101	58	65
영월	56	112	63	99	67	69	64	72	61	37	70
춘천 계	673	1,063	564	776	563	537	556	674	551	515	649
대전 본원	663	1,066	754	738	720	732	628	688	588	629	719
홍성	101	173	113	149	212	177	143	135	133	106	144
공주	87	118	65	66	56	64	45	54	63	52	67
논산	103	149	96	93	77	63	107	96	78	52	91
서산	101	291	126	175	162	112	90	177	175	113	152
천안	292	411	409	360	415	341	374	345	410	410	378
대전 계	1,347	2,188	1,563	1,581	1,642	1,489	1,387	1,495	1,458	1,362	1,551
청주 본원	439	554	325	347	371	330	386	360	337	358	381
충주	117	183	92	118	70	125	174	116	90	104	119
제천	85	96	74	87	70	75	70	78	35	41	71
영동	25	66	36	43	27	35	20	39	27	26	34
청주 계	666	899	527	595	538	565	650	593	489	529	605
대구 본원	924	1,689	813	949	800	783	735	872	657	725	898
서부	411	557	275	282	230	289	317	317	329	399	341
안동	104	238	120	115	112	91	86	76	85	107	113
경주	120	201	121	130	133	177	127	144	81	100	133
포항	183	244	157	200	188	147	135	151	142	167	171
김천	170	375	196	225	218	219	151	153	137	102	195
상주	83	128	81	96	97	88	51	83	69	61	84
의성	24	92	54	40	20	36	33	43	23	24	41
영덕	21	70	33	58	25	30	40	45	25	32	38
대구 계	2,040	3,596	1,850	2,095	1,853	1,860	1,675	1,882	1,568	1,719	2,014
부산 본원	1,173	1,534	1,346	1,256	1,177	1,448	930	820	895	805	1,138
동부	284	561	380	307	284	298	447	343	319	280	350
서부							287	394	307	286	319
부산 계	1,457	2,095	1,726	1,563	1,461	1,746	1,664	1,557	1,521	1,371	1,616
울산	338	676	586	637	538	649	522	413	591	530	548
창원 본원	496	679	453	414	436	396	474	355	359	463	453
마산	111	249	129	198	143	160	133	135	135	142	154
진주	178	248	162	271	262	168	159	219	154	174	196
통영	168	308	147	185	113	172	176	225	133	144	177
밀양	45	113	65	82	78	63	56	87	40	40	67
거창	55	186	36	54	41	60	35	51	41	98	60
창원 계	1,053	1,783	992	1,204	1,037	1,019	1,033	1,072	865	1,001	1,106
광주 본원	802	1,695	838	958	714	821	862	917	734	868	919
목포	162	356	163	337	267	225	171	236	161	213	229
장흥	18	56	41	33	21	28	30	58	27	30	34
순천	302	697	275	359	353	467	443	438	230	350	391
해남	37	129	63	77	72	75	56	64	52	46	67
광주 계	1,321	2,933	1,350	1,764	1,637	1,616	1,562	1,713	1,204	1,507	1,641
전주 본원	309	547	311	398	337	408	366	464	424	324	390
군산	220	410	254	301	167	287	257	226	272	240	263
정읍	76	169	76	138	95	148	83	72	92	65	101
남원	32	59	35	43	48	56	34	68	21	63	46
전주 계	637	1,185	676	880	647	899	740	832	809	702	801
제주	175	468	290	345	251	243	304	274	325	665	334

주 : 치료감호사건 인원수가 합산되어 있음

인천지방법원의 사건수와 다른 고등법원들의 사건수를 위 2011년부터 2020년 사이의 사법연감의 통계를 보더라도 대구고등법원, 대전고등법원, 광주고등법원의 사건 수와 큰 차이가 나지 않는 것을 쉽게 알 수 있는바, 인구수와 경제력을 고려할 경우 인천지방법원 관할 사건수가 더 많다고 평가받아야 합니다. 고등법원 관할 구체적인 사건의 추이는 위 민사본안사건과 형사본안사건 이외에 참고자료로 제출한 사법연감(2017년부터 2020년까지의 사건통계)의 가사사건과 행정사건의 수까지 고려해야 합니다.

㉯ 관할 인구

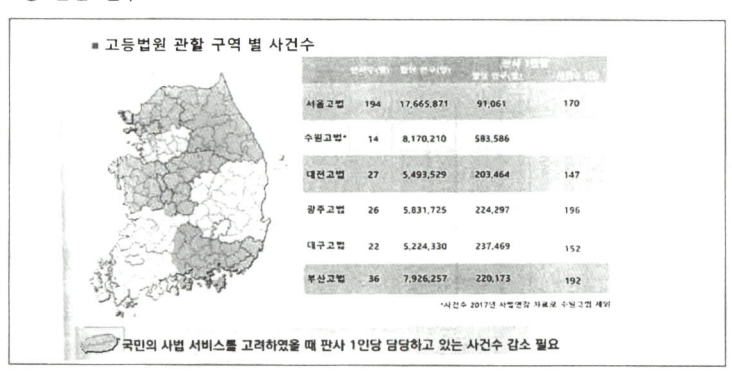

인천지방법원이 관할하는 인천, 부천, 김포의 인구수는 430만명에 이르는데 다른 지역의 고등법원의 경우 대구는 5,224,300명, 대전은 5,493,529명에 이르러 인구수의 면에서 다소 적다고 평가될 수 있으나, 지역경제의 규모 등을 고려할 때에는 이러한 인구수가 절대적이라고 할 수 없습니다.

㉑ 교통사정

단순히 관할면적이 넓다고 하더라도 교통사정상 그 여건이 사법서비스를 이용하기에 적절하다면 고등법원 설치는 신중해야 합니다. 그러나 다른 한편 비록 지리적으로 근거리에서 고등법원을 이용할 수 있다고 하더라도 교통사정이 불편하다면 현실적으로 사법서비스의 이용이 불편할 수밖에 없기 때문에 이 경우에는 고등법원의 신설이 강력하게 요청됩니다.

타 지방에 비해 인천 및 경기 서부지역은 거리상으로는 서울과 그다지 멀지 않은 수도권 지역입니다. 하지만 서울-수도권 간의 교통체증은 날로 심각해져서 동맥경화의 증상을 나타내고 있습니다. 특히 도시 내 주요 간선도로도 차량혼잡에 시달리고 있습니다. 위에서 살펴본 바와 같이 모든 행정서비스 등이 서울에 집중되어 있기 때문에 교통체증이 더욱 심각해질 뿐더러 국민들의 삶의 질 향상의 측면에 있어서도 커다란 문제로 작용하고 있습니다. 아래의 표(인천연구원 작성 인천고등법원의 설립 타당성 보고)에 의하면 인천에서 서울에 있는 서울고등법원까지의 평균 이동시간은 1시간 36분이고, 인천 중구에서도 112분, 섬지역인 강화군의 경우 171분이며, 인천에서 배를 타고 와야 하는 옹진군의 경우에는 재판하기 전에 미리 육지로 와서 서울로 이동해야 하기에 측정이 어려운 정도입니다.

[표 2-5] 인천지역의 서울고등법원 접근성

	평균 통행시간(분)		인구수
	대중교통	승용차	
인천시	96.3	78.5	2,942,233
중구	112.7	90.5	139,391
동구	108.5	88.8	62,802
미추홀구	104.3	85.7	402,662
남동구	92.2	74.0	527,080
서구	98.0	63.8	542,982
부평구	90.0	68.3	496,958
계양구	103.7	71.5	297,282
연수구	99.0	66.3	383,529
강화군	171.8	94.5	69,069
김포시	91.2	63.5	467,084
부천시	85.3	70.2	821,068
가중평균(계)	96.1	71.5	4,230,385

특히 사법서비스 측면에서 볼 때, 인천을 포함한 수도권 지역 주민들의 서울 고등법원 이용시 타 지방에 비해 거리는 현저히 가까우면서도 교통체증으로 인해 시간이 상당히 소요된다는 점 등으로 인해 불편을 겪고 있습니다. 그런 점에서 보아 아래 도표를 통하여 확인되는 서울 - 인천 지역 간의 교통시간 은 거리상 가능한 시간일 뿐 교통체증을 고려해보면 파악하기 힘들 정도의 엄청난 차이를 가져옵니다.

교통사정은, 서울과 가까운 수도권이라는 점 때문에 서울과 인접한 지역에 고등법원까지 가는 데 걸리는 시간이 절반 수준으로 줄어들 것이고, 교통체 증을 고려해서 살펴본다면, 그 이상의 시간적 이점을 생각할 수 있을 것입니 다. 이와 더불어 큰 문제점인 서울-수도권간의 심각한 교통난을 어느 정도

분산시킬 수도 있다 할 것입니다. 근거리에서 재판을 받을 수 있다면, 소송에 따른 시간이 단축되며, 소송비용뿐만 아니라 교통비용 등 관련 부대비용도 절약할 수 있습니다.

㉮ 지역적 특성(경제적 측면)

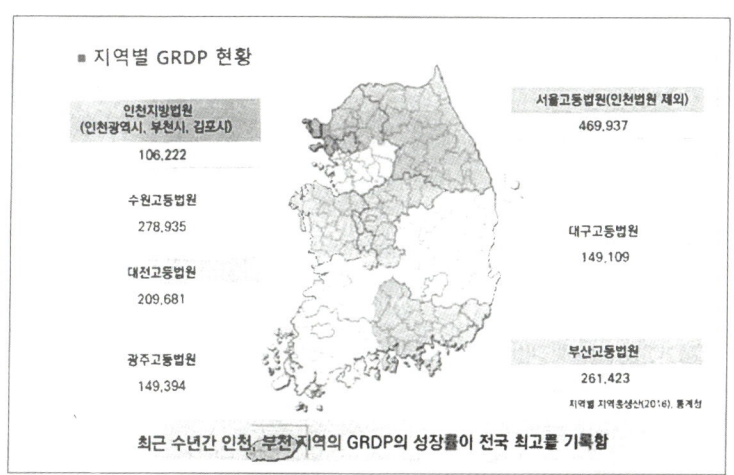

■ 지역별 GRDP 현황

인천지방법원
(인천광역시, 부천시, 김포시)
106,222

수원고등법원
278,935

대전고등법원
209,681

광주고등법원
149,394

서울고등법원(인천법원 제외)
469,937

대구고등법원
149,109

부산고등법원
261,423

지역별 지역총생산(2016), 통계청

최근 수년간 인천, 부천 지역의 GRDP의 성장률이 전국 최고를 기록함

경제적 측면에서 국가 경쟁력이 중요해지는 오늘날, 기업 활동의 편리성이 고려되어야 합니다. 어떤 지역에서 기업 활동과 관련된 소송이 빈번하게 제기될 가능성이 있다면 경제 활성화 측면에서 법적 분쟁의 해결은 신속하게 이루어질 수 있어야 합니다.

인천은 바이오, 자동차, 환경관련 연구소와 같은 산업발전을 위한 기반시설을 갖추고 있고, 특히 경제자유구역 등의 개발로 인한 법률 서비스의 수요가 많습니다. 또한 신도시 개발에 따른 인천 및 경기 서부 지역의 인구증가를 고려한다면 소송업무가 증가추세에 있음을 예상할 수 있습니다. 그러므로 인천지역의 인구 및 지역적 특성을 고려하여 본다면 인천, 부천 및 김포시민의 소송업무상 편의를 도모하기 위하여 인천고등법원을 신설해야 할 필요성이 제기되는 것입니다.

㉺ 소결

인천은 인구가 300만명을 이미 초과하고, 부천 및 김포까지 포함하면 430만에 이르는 인구밀집 지역이자 향후 지속적인 인구유입과 증가가 예상되는 지역입니다.그리고 소송사건 수에 있어서 현재 인천지방법원에의 1심 사건 및 인천지방법원이 1심인 서울고등법원 항소 모두 증가하고 있는 추세이며, 특히 인천지방법원의 항소사건의 증가는 서울고등법원의 업무적체에서 주요비중을 차지하고 있어 사법서비스의 비효율, 국민의 신속한 재판을 받을 권리의 침해 등의 문제를 야기하고 있습니다. 인천이 지리적으로 서울에 인접하여 있으나 이는 거리상 가깝다는 의미일 뿐, 교통혼잡 등의 현실적 문제를 고려한다면 항소를 위해 소요되는 시간과 비용의 측면에서 볼 때 적지 않은 손실이 뒤따르고 있습니다.

2) 적극적 공권인 재판청구권으로부터의 파생

가) 개설

민주국가에서는 법률과 관련한 국가의 여러 작용과 그것을 보조하는 일련의 활동을 서비스의 관점에서 볼 필요가 있다 할 것입니다. 즉 국가는 법률서비스를 제공하고 국민은 그 서비스를 이용하는 관계이며, 이러한 관계에서 국민은 국가의 시혜를 받는 소극적인 지위에 있지 않고 국가가 제공하는 서비스를 이용하는 적극적인 지위에 있기 때문에 그 공급자인 국가나 정부 또는 그 기관에게 서비스의 품질이나 가격, 또는 기타의 제공조건에 대하여 그 개선을 요청할 수 있는 정당한 자격을 가지고 있습니다.

재판청구권은 국가에 대하여 독립된 법원에 의하여 헌법과 법률이 정한 법관에 의한 재판을 받을 권리라 할 것인바, 종래 '헌법과 법률이 정한 법관이 아닌 자에 의한 재판이나 법률에 의하지 아니한 재판을 받지 아니한다'는 소극적 측면이 강조되었으나, 근래에는 재판이라는 국가적 행위를 청구할 수 있는 적극적 측면의 권리적 성격이 강조되고 있다 할 것입니다. 이는 위에서 언급한 바와 같이 '국민이 이용하는 법률서비스의 측면'이 부각되고 있기 때문이라 할 것입니다.

그렇다면, 서비스의 품질과 조건과 관련하여, 서비스를 이용하는 자에게 적극적인 권리가 인정된다 할 것인바, 경기도민의 고등법원 설치와 관련된 의견은 입법형성권의 한계를 규정짓는 의미 있는 자료가 된다 할 것입니다.

나) 인천의 사법서비스 현실과 고등법원 신설에 대한 설문조사 분석

인천지방변호사회에서 2019년에 인천고등법원 설립의 필요성에 대한 설문조사를 한 적 있습니다. 설문조사 결과, 사법서비스의 이용자들인 인천지역 주민들은 인천고등법원의 설치를 열망하였고, 인천고등법원의 설치를 통하여, 소송시간 단축과 비용절약, 지역주민들에 대한 법률서비스 향상, 지역 내 법률서비스 확대에 기여할 것으로 보았습니다.

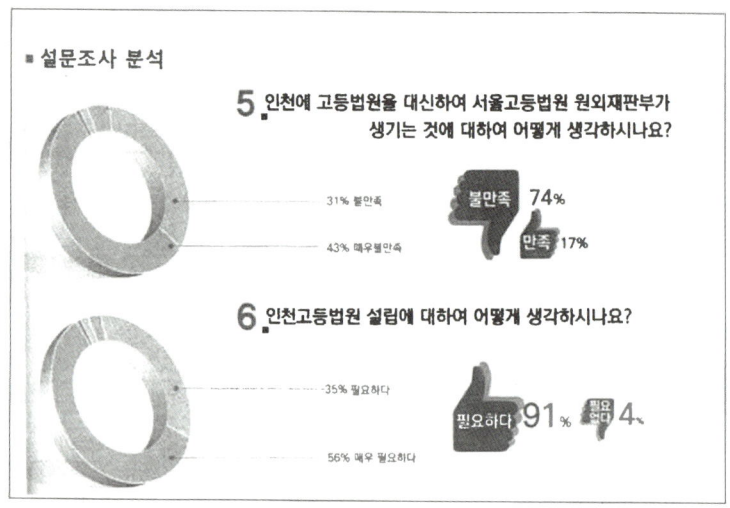

(2) 지방자치규정의 해석상 도출되는 입법의무의 존재

(가) 제도보장과 입법의무

제도의 보장은 주관적 권리가 아닌 객관적 법규범이라는 점에서 기본권과 구

별되기는 하지만, 헌법에 의하여 일정한 제도가 보장되면, 입법자는 그 제도를 설정하고 유지할 입법의무를 부담하게 된다 할 것입니다.

(나) 사법을 통한 자치의 실현

헌법 제1조를 보면, '①대한민국은 민주공화국이다. ②대한민국의 주권은 국민에게 있고, 모든 권력은 국민으로부터 나온다'라고 규정하고 있는바, 사법권은 국민으로부터 나온다고 보아야 할 것입니다. 모든 권력이 국민으로부터 나온다는 말은 결국 '자치'가 가장 근본적인 이념이라는 뜻과 일맥상통한다 할 것인바, 헌법은 자치의 헌장이며 주권도 국가도 통치기구도 자치의 실현을 위해 존재하는 것이라 할 것입니다.

사법은 대한민국이라는 국가의 권력이기 이전에 본질적으로 대한민국이라는 사람들의 권력이라 할 것입니다. 즉, 헌법에 의해 창설되는 대한민국의 권력이 아니고, 헌법에 의해 대한민국을 창설하는 대한국민의 권력인 것입니다.

그렇다면, '대한국민은 대한민국 속에서 어떻게 자치를 실현할 것인가'가 문제되는바, 일찍이 아리스토텔레스가 말했듯이 폴리스에서 시민권 또는 시민자격이란 곧 의회와 법정에 참여하여 자치를 실현하는 권리이자 의무라 할 것입니다. 그렇다면, 대한민국이 하나의 폴리스라면 의회에의 참여를 통하여 자치가 실현되듯이 사법절차의 형성과정에의 참여를 통하여 자치가 실현되는 것은 마땅하다 할 것입니다.

(다) 자치의 중층 구조

대한민국이라는 단 하나의 거대한 동그라미만으로 대한민국의 자치를 실현한다는 것은 불가능하다 할 것입니다. 달리 말하면, 자치의 실현은 결코 단 하나의 의회와 단 하나의 법정에 참여하는 것만으로 이루어질 수 없다 할 것입니다.

작은 의회와 큰 의회, 작은 법정과 큰 법정의 중층적 구조가 필요하다 할 것입니다. 이 의회들과 법정들은 우선 각각의 내부에서 서로를 감시하며, 또한 서로에 대하여 정당성을 경쟁하도록 배치되어야 할 것입니다.

(라) 인천고등법원의 설치는 지방자치의 실질적 보장 방안

우리는 역사적으로 오랜 중앙집권적 전통을 유지해왔습니다. 지방자치는 4·19 이후 잠시 꽃을 피웠지만 곧 중단되었고, 1991년에 다시금 부활하였지만 20년 가까운 세월이 흘렀어도 여전히 중앙집권주의, 특히 서울중심주의를 벗어나지 못하고 있습니다. 이러한 사정은 중앙정부와 지방정부가 그 역할을 재조정하여 가능한 한 지방이 최대한의 기능과 권한을 행사하는 지방분권형 국가체제로 이행되고 있는 세계적 흐름과도 배치됩니다.

그런데 중앙집권적인 국가구조로부터 벗어나기 위해서는 국가기능의 분담 차

원에서의 지방분권도 중요하지만, 근본적으로는 구체적인 주민의 의사에 기초한 민주주의에 지방자치의 중심이 설정되어야 합니다(인천고등법원 설치와 관련한 주민의 의사). 지방자치의 기능은 주권자로서 주민의 구체적 의사를 국민 전체의 의사로 연결하는 것입니다. 지역주민은 자신의 자치정부인 지방자치단체를 통하여 주권자로서의 지위를 실현합니다.

이렇게 볼 때 서울에 있는 대법원이 최종심 법원의 위상을 넘어 중앙집권 주의적 사법행정의 정점법원으로서 작동하고 있는 사법구조 역시 분권화를 통하여 사법자치를 실현할 수 있어야 합니다. 그러나 현실은 전혀 그렇지 못합니다. 이미 수원이 있는 경기 남부지역 주민들의 요구는 반영되어 수원고등법원이 설치되어 운영되고 있습니다. 이에 반하여 같은 지위에 있는 인천 및 경기서부지역 주민의 요구는 묵살되었습니다. 현재 인천지역주민의 항소심 재판을 위한 고등법원의 사법서비스는 대단히 낙후된 중앙집권적인 사법권 운용의 결과로 평가되고 있습니다.

인천시라는 입법·행정자치에 상응하여 인천고등법원을 설치하여 이들 기관 각각의 내부에서 서로를 감시하며, 또한 서로에 대하여 정당성을 경쟁하도록 하여야 할 것입니다. 인천고등법원 설치는 행정부에서 추진하고 있는 국가균형발전을 사법권 분야에서도 완성시키는 의미를 지니고 있으며 지역형평성 문제를 해소하고 진전한 의미의 지방분권에도 기여할 것입니다.

(3) 평등권 규정의 해석상 도출되는 입법의무의 존재

가) 차별적 취급으로 인한 기본권에 대한 중대한 제한과 입법형성권

차별적 취급으로 인하여 관련 기본권에 대한 중대한 제한을 초래하게 된다면,입법형성권은 축소된다 할 것입니다. 이하에서 언급한 부산고등법원과 대전고등법원설치 당시에 언급된 개정이유를 통하여, 인천고등법원설치와 관련된 법령의 제정을 미루는 것은 입법형성권의 한계를 벗어나는 것임을 확인할 수 있다 할 것입니다.

나) 입법 선례

고등법원이 신설된 예로는 1987년과 1992년에 각각 설치된 부산고등법원과 대전고등법원을 들 수 있습니다. 1986년 개정된 '각급 법원의 설치와 관할구역에 관한 법률'은 이들 법원을 지부가 아닌 고등법원으로서 신설한 이유를 개정이유에서 다음과 같이 밝히고 있습니다.

"현재 고등법원으로는 서울 인천 수원 춘천 청주 및 대전지방법원을 관할하는 서울고등법원, 대구 부산 및 마산지방법원을 관할하는 대구고등법원, 광주 전주 및 제주지방법원을 관할하는 광주고등법원이 있는바, 대구고등법원 관할사건의 약 60% 이상이 부산 영남지역의 항소사건이고 그 지역내의 인구 및 사건 수가 광주고등법원의 규모를 상회하고 있으나 그 지역을 관할하는 고등법원이 설치되어 있지 않아 지역민들이 항소사건을 위하여 대구까지 왕래함에 따른 경제적 시간적 손실과 불편이 클 뿐만 아니라 관할사건 처리의 능률도 저해하고 있으므로 1987년 9월 1일자로 부산 및 마산 지방법원을 관할하는 부산고등법원을 신설하고, 서울고등법원은 서울 인천 수원 춘천 청주 및 대전 지방법원등 8개 지방법원(전국 인구의 약 54%, 전국 항소사건의 약 62%)을 관할하는 등 그 업무 부담이 편중되어 있어 이를 조정하여 지역적 균형을 도모할 필요성이 대두되고 있으며, 충청남 북도 내의 인구 및 사건 수가 부산고등법원 관할구역을 제외한 대구고등법원의 규모와 비슷하게 되나 중부권을 관할하는 고등법원이 설치되어 있지 않아 그 지역민들이 항소사건을 위하여 서울까지 왕래함에 따른 경제적 시간적 손실과 불편이 클 뿐만 아니라 관할사건 처리의 능률도 저해하고 있으므로 1992년 9월 1일자로 대전 및 청주 지방법원을 관할하는 대전고등법원을 설치하려는 것임." 고등법원 설치와 관련한 객관적 지표로 논의되는 소송사건 수, 인구 수, 교통사정, 지역적 특성 등은, 25년 전과 지금을 비교하는 것이 무색할 정도인바(추후 자료를 정리하여 제출할 예정), 지금까지 언급한, 인천고등법원 설치와 관련된 근거가 위 개정이유가 들고 있는 사정을 담고 있다는 점을 주목하여야 할 것입니다.

이미 경기남부를 관할하는 수원고등법원이 설치되어 2019. 3.경부터 경기 남부의 시민들은 가까운 곳에서 항소심 법원서비스를 받고 있습니다. 수원고등법원도 사법서비스의 효율 향상, 지역주민의 경제성 확보, 지방자치권 보장 등의 이유로 설치가 요구되었던 것이고, 이에 대하여 피신청인뿐만 아니라 행정부, 사법부가 적극적으로 나서 설치가 가능하게 되었습니다. 인천지역 시민들도 2015년부터 인천고등법원의 설치를 요구하였으나 인천지역의 주민들의 요구는 받아들이지 않은 상태로 지금까지 이어져 왔습니다.

(4) 입법의무의 해태

공권력의 부작위에 대한 헌법소원은 공권력의 주체에게 헌법에서 우러나오는 작위의무가 있음에도 불구하고 상당한 기간이 지나도록 그 작위의무를 이행하지 아니하여 기본권을 침해하는 경우에 인정된다 할 것입니다(헌재 2001. 6. 28. 2000헌마735).

법률을 제정할 의무가 헌법상 의무로 인정되고 그러한 법률의 제정이 지체되었더라도, 그러한 법률을 제정함에 필요한 상당한 기간을 넘기지 않았거나 그 법률제정의 지체를 정당화할 만한 사유가 있다면, 헌법위반으로 보기는 어렵다 할 것입니다. 그러나 그와 같은 정당한 사유가 인정되기 위해서는 그러한 법률제정이 헌법에 위반되거나 전체적인 법질서 체계와 조화되지 아니하여 법률제정의무의 이행이 오히려 헌법질서를 파괴하는 결과를 가져온다고 볼 수 있어야 할 것입니다(헌재 2004. 2. 26. 2001헌마718 참조).

1963. 12. 13. 제정된 「각급 법원의 설치와 관할구역에 관한 법률」(법률 제1497호)에 따라 서울고등법원, 대구고등법원, 광주고등법원이 설치된 이래 20여 년이 지나서야 부산고등법원과 대전고등법원이 증설되었고(법률 제3827호 1986. 5. 12.개정), 그 후 수원고등법원이 설치되었으나 아직까지 인천 및 경

기서부지역을 관할하는 인천고등법원은 설치되지 않고 있습니다.

아래 도표를 통하여 확인되듯이 현재 서울고등법원에서 처리되는 항소심 사
건의 수는 전체 고등법원의 항소심사건 수의 상당부분을 차지하고 있고, 사
건 수가 많기 때문에 그 적체가 심각한 수준에 있습니다(추후 자료를 정리하
여 제출할 예정). 그리고 서울고등법원에 접수되는 사건 중 인천지방법원 관
할 내 법원의 항소사건이 차지하는 비중이 상당합니다(추후 자료를 정리하여
제출할 예정).

사정이 이러하므로, 더 이상 인천고등법원설치와 관련된 법령의 제정을 미루
는 것은 정당화될 수 없습니다. 인천고등법원이 설치되면 사건 적체가 줄어
들어 신속하고 공정한 재판으로 이어질 것입니다.

공권력의 불행사로 인한 기본권침해는 그 불행사가 계속되는 한 기본권침해
의 부작위가 계속된다 할 것입니다. 그러므로 입법부작위에 대한 헌법소원심
판은 그 불행사가 계속되는 한 기간의 제약없이 적법하게 청구할 수 있다 할
것입니다.

3. 예비적 청구 관련

가. 예비적 청구를 하게 된 경위 및 청구내용 추후 보완

고등법원의 명칭, 소재지, 관할 등에 관해서는 각급 법원의 설치와 관할구역에 관한 법률(2019. 3. 1. 법률 제12419호)에서 이미 규정하고 있으므로, 고등법원의 수적 부족 또는 그 관할 구역의 부적절 등의 문제는 입법의 불완전 불충분 도는 불공평에 기인한 것으로 볼 수도 있다 할 것입니다.

본 헌법재판청구서는 주위적 청구와 관련된 내용에 많은 비중을 두었는바, 추후 제출할 보충서면을 통하여 예비적 청구와 관련된 주장을 보충할 예정입니다.

나. 적법요건의 문제

각급 법원의 설치와 관할구역에 관한 법률(2019. 3. 1. 법률 제12419호) 제4조 제1호 [별표3]에서, 서울고등법원이 인천, 부천, 김포지역을 관할하도록 함으로써, 인천지방법원관내 주민들이 신속하고 용이한 항소심 재판을 받을 권리를 직접 침해받고 있는바, 기본권침해의 직접성 현재성 자기관련성 등 적법요건을 일응 갖추었다고 볼 수 있다할 것입니다. 기본권침해의 직접성 현재성 자기관련성 등 적법 요건에 대하여는 추후 보충서면을 통하여 자세히 논하도록 하겠습니다.

각급 법원의 설치와 관할구역에 관한 법률(2019. 3. 1. 법률 제12419호) 제4조 제1호 [별표3]은 서울고등법원이 인천, 부천, 김포 전역을 관할하도록 하고 있으므로 인천지방법원 관내 국민들은 1심재판 선고 후 항소를 하려는 시점에 비로소 자신의 재판청구권을 침해받게 되므로 청구기간도과의 문제는 발생하지 않는다 할 것입니다.

다. 위 규정의 위헌성

(1) 재판청구권의 침해

한 국가의 국민이 헌법상의 기본권을 보장받을 권리는 국민의 거주지가 어디인가와 상관없이 보장되어야 할 것입니다. 헌법상 재판받을 권리도 대도시에서나 지방에서나 국민이면 누구나 원활히 재판받을 수 있도록 보장되어야 합니다. 그러기 위해서 국가는 국민들이 재판청구권을 원활히 행사할 수 있도록 법원조직을 심급별로 적정하게 설치하여야 합니다. 따라서 재판을 받기 위해서 일상생활에 많은 부담을 감수하면서 타 행정구역의 먼 거리 법원까지 재판을 받으러 가야 하는 정도라면, 원활한 재판을 받는 원활한 여건이 제공된다고 보기는 어렵다 할 것입니다.

헌법상 재판받을 권리의 보장을 위해서는 실질적으로 재판을 원활하게 받을 수 있는 법원조직에 대한 접근이용이 무엇보다도 용이해야 합니다. 만약 제대로 된 보장이 이루어지지 않는다면, 생활여건상 타 행정구역의 원거리로 재판받으러 갈 수 없는 주민들에게 있어서 재판받을 권리는 한낱 종이 위의 권리에 지나지 않는 것이 되어 버리고 말기 때문입니다. 따라서 재판받을 기본권을 보장하기 위한 법원조직의 설치가 지역적으로 불균형적이거나 미비하다면, 재판받을 권리는 현실적으로 보호되지 못하는 결과가 되고 마는 결과에 이릅니다. 그런 의미에서 행정구역 단위별로 전국적으로 고르게 법원조직을 설치하여야 하는 것은 재판받을 권리 보장을 위한 전제조건이라 할 것입니다.

재판청구권은 단순히 2심재판을 청구할 가능성을 열어두거나 그러한 기회를 절차적으로 마련하는 데 그치는 것이 아니라 2심재판을 청구할 수 있는 실질적 조건을 확보하는 정도로 보장되어야 합니다. 즉, 2심재판에 대한 지리적 근접성의 문제 역시 단순히 국가가 시혜적 관점에서 고려하는 데 그쳐서는 안 되며, 국민의 재판청구권의 실질적 원활한 행사 및 사법서비스의 지역적 균형이라는 헌법적 요청을 실현할 법적 의무로서 파악되어야 합니다.

재판청구권의 침해 문제는, 주위적 청구 관련 부분의 '재판청구권으로부터 도출되는 입법의무' 에 설시된 내용을 원용하고, 추후 주장을 보충하는 서면을 제출하도록 하겠습니다.

(2) 평등권의 침해

헌법은 그 전문에 "정치, 경제, 사회, 문화의 모든 영역에 있어서 각인의 기회를 균등히 하고" 라고 규정하고, 제11조 제1항에 "모든 국민은 법 앞에 평등하다" 고 규정하여 기회균등 또는 평등의 원칙을 선언하고 있는바, 평등의 원칙은 국민의 기본권 보장에 관한 우리 헌법의 최고원리로서 국가가 입법을 하거나 법을 해석 및 집행함에 있어 따라야할 기준인 동시에, 국가에 대하여 합리적 이유 없이 불평등한 대우를 하지 말 것과, 평등한 대우를 요구할 수 있는 모든 국민의 권리로서, 국민의 기본권 중의 기본권이라 할 것입니다. 이러한 평등의 원칙은 헌법 제27조 제3항에 의하여 보장된 "모든 국민의 신속한 재판을 받을 권리" 의 실현에도 당연히 적용되어야 할 것입니다(헌재 1989. 1. 25. 88헌가7). 그렇다면 어느 지역에 거주하느냐에 따라 2심 재판을 청구할 수 있는 실질적 기회에 있어서 차별대우가 존재한다면 헌법상 평등의 원칙에 어긋날 수 있다 할 것입니다.

고등법원이 서울, 대전, 대구, 부산, 광주, 수원의 6개 도시에만 설치되어 있음으로 인하여 국민이 재판청구권을 행사할 때 그 거주하는 지역에 따라 불합리하고 상당한 차별을 받게 되는 문제가 발생합니다. 다른 지역 주민들이 재판을 위해 먼 거리를 이동해서 재판을 받아야 하는 불편을 가져다준다 할 것입니다. 즉 재판을 받기 위해서 고등법원 소재지에서 숙박을 해야 하거나, 생업이나 일상생활을 포기해야 하는 어려움을 가져다줌으로써, 결과적으로는 권리행사를 포기하게 만들기도 합니다. 이런 점은 교통이 잘 발달되어 있는 대도시에서 재판받는 주민에 비하여 사법 서비스 면에서 불리한 결과를 가져오므로, 경제·사회적 영역에서의 불평등한 처우에 해당한다 할 것입니다. 이러한 차별의 합리성을 판단함에 있어서는 인천지역 관내의 사건 수, 인구수, 서울고등법원까지의 거리, 소요시간, 교통비용 등이 중요한 고려 요소가 될 것입니다.

앞에서 살펴 보았듯이 인천지방법원 관내의 사건 수는 서울중앙지방법원을 제외한 타 지방법원에 비하여 현격하게 많고, 인천지방법원 관내 사건의 인구 수 역시 고등법원이 설치된 대전, 광주, 대구 관내 지방법원의 인구수와 비슷하거나 많습니다.

또한 인천 지역 주민들이 서울고등법원 이용 시 교통체증으로 인해 시간이 상당히 소요되고 그에 따른 교통비용의 증가 또한 무시할 수 없는 수준에 이르고 있다. 더욱이 인천지역은 수많은 대기업과 중소기업, 각종 연구소 등과 같은 산업발전을 위한 기반시설을 갖추고 있고, 특히 다양한 형태의 신도시와 경제자유구역, 인천국제공항, 인천신항 등이 개발되고 있어서 그로 인한 법률서비스의 수요가 급격히 증가하고 있습니다.

만일 인천고등법원이 설치된다면 인천지역주민이 고등법원까지 가는 데 걸리는 시간을 현저히 줄일 수 있는 것은 물론이고, 서울-수도권간의 심각한 교통난을 어느 정도 분산시킬 수도 있을 것입니다. 그리고 근거리에서 재판을 받을 수 있다면, 교통비용뿐만 아니라 기타 소송 관련 부대비용도 절약할 수 있습니다. 또한 인천고등법원을 별도로 설치하여 수많은 기업 관련 민사, 특허, 환경, 노동 등에 관한 법률서비스의 수요를 효과적으로 감당하게 할 필요도 있다 할 것입니다.

이러한 여러 사정들에 비추어볼 때 인천지역 주민들은 다른 고등법원 설치 지역의 주민들에 비하여 재판청구권의 행사에 있어서 불합리한 차별을 당하고 있다고 볼 수 있고, 따라서 이 사건 심판대상 법률 조항은 청구인들의 평등권을 침해하고 있다 할 것입니다.

4. 결 론

고등법원 배치 및 신설은 헌법상 재판청구권을 실질적으로 보장하고, 사법서비스 제공을 통하여 지방자치를 실질적으로 구현한다는 점을 이념적 토대로 합니다. 위에서 언급한 바와 같이 헌법해석상 인천고등법원설치와 관련된 법령을 제정할 의무가 도출되고, 위 법령의 제정을 미룰 정당한 사정이 엿보이지 않는바, "피청구인이 인천지방법원, 인천지방법원 부천지원, 인천지방법원 가정법원의 각 민사, 형사, 가사, 행정 합의사건의 항소심을 관할하는 고등법원을 별도로 설치하는 법령을 제정하지 아니한 부작위는 청구인들의 재판청구권, 평등권을 침해한 것이므로 위헌임을 확인한다" 라는 결정을 내려주시기 바랍니다.

진정입법부작위가 아닌 부진정입법부작위로 판단하신다면, "각급 법원의 설치와 관할구역에 관한 법률(2019. 3. 1. 법률 제12419호) 제4조 제1호 [별표3]은 헌법상 기본권인 재판청구권과 평등권을 침해하므로 헌법에 위반된다" 라는 결정을 내려주시기 바랍니다.

입 증 자 료

1. 사법연감(2017년부터 2020년 통계) 1부

1. 인천연구원 작성의 인천고등법원설립 타당성 보고

첨 부 서 류

1. 당사자 목록

2. 위임장

2021. 11. 11.

청구인들의 대리인

법무법인 안다

담당변호사 조 용 주

김 종 무

김 정 은

김 성 일

윤 진 희

헌법재판소　　　　　　　　　　**귀중**

✔ [별지] 청구인 목록

연번	성 명	연번	성 명	연번	성 명	연번	성 명
1	조금분	26	육미선	51	주명애	76	황유경
2	강윤희	27	윤충의	52	지은설	77	주경숙
3	권재효	28	이관순	53	채회수	78	김선미
4	김귀순	29	이규천	54	최 란	79	박회선
5	김동식	30	이선희	55	최순희	80	박회경
6	김상일	31	이소율	56	최해원	81	주영애
7	김영옥	32	이소율	57	한국익	82	이한나
8	김영혜	33	이순분	58	한상민	83	권세헌
9	김재윤	34	이순주	59	한영술	84	김춘미
10	김정석	35	이애호	60	홍남임	85	권기현
11	김찬용	36	이영미	61	김노천	86	정문석
12	나재필	37	이재무	62	김성환	87	고민석
13	민정식	38	이재익	63	김연옥	88	권정현
14	박광자	39	이정순	64	김영준	89	오준영
15	박안례	40	이정철	65	박은회	90	김윤정
16	반 석	41	이진원	66	박태회	91	이지혜
17	서승인	42	이충미	67	박회제	92	유은비
18	석 웅	43	임장현	68	송정로	93	신은우
19	손재일	44	임회숙	69	안병진	94	이영식
20	송광열	45	전미순	70	양진채	95	김소원
21	신원철	46	전승혁	71	유동현	96	김연주
22	신현무	47	전진탁	72	유사랑	97	서유정
23	양현숙	48	정규자	73	유예진	98	우지현
24	오세연	49	조개돈	74	이경호	99	심은하
25	오지연	50	조덕자	75	조현정	100	우동형

✔ [별지] 청구인 목록

연번	성 명	연번	성 명	연번	성 명	연번	성 명
101	이선기	126	신은호	151	박미경	176	안지훈
102	고제민	127	안병배	152	이선우	177	이호일
103	이지영	128	유세움	153	김영덕	178	문종탁
104	최진용	129	이병래	154	신종녀	179	김재련
105	강원모	130	이오상	155	이윤주	180	서주선
106	고존수	131	이용범	156	이혜숙	181	임희숙
107	김강래	132	이용선	157	최임순	182	박희선
108	김국환	133	임동주	158	김봉희	183	이지숙
109	김병기	134	임지훈	159	최영란	184	김연옥
110	김성수	135	전재운	160	박지수	185	최성숙
111	김성준	136	정창규	161	임솔지	186	김미순
112	김종득	137	조광휘	162	박미라	187	김복순
113	김종인	138	조성혜	163	박미옥	188	정문희
114	김준식	139	이종관	164	박미란	189	임현진
115	김진규	140	김호진	165	박미화	190	추은미
116	김희철	141	김정화	166	박상복	191	권경자
117	남궁형	142	최부미	167	이다혜	192	최교상
118	노태손	143	최진용	168	문다솜	193	오제영
119	민경서	144	김창국	169	박미영	194	신주항
120	박성민	145	김영진	170	김춘림	195	박영동
121	박인동	146	김한철	171	김기수	196	이순자
122	박종혁	147	오동근	172	조남억	197	조규창
123	백종빈	148	김현주	173	이석용	198	김미연
124	서정호	149	염민숙	174	장우진	199	김경화
125	손민호	150	이순향	175	김 현	200	서복례

연번	성 명	연번	성 명	연번	성 명	연번	성 명
201	김정임	226	박미자	251	정관조	276	송지연
202	김연식	227	박윤선	252	양은미	277	이지선
203	김애경	228	문찬순	253	김보빈	278	오신영
204	서영진	229	김옥주	254	김재중	279	정영희
205	전성분	230	정영남	255	윤주영	280	이용호
206	황순복	231	김경희	256	김민숙	281	박진아
207	김성화	232	민복순	257	김진희	282	김선숙
208	심언옥	233	권순영	258	김애순	283	이유림
209	임정숙	234	유해용	259	박현애	284	선은희
210	오형인	235	정인갑	260	주진옥	285	최 철
211	전상순	236	정현지	261	김종봉	286	홍영표
212	오지훈	237	고서희	262	김영자	287	김교흥
213	오정훈	238	정영신	263	변순희	288	윤관석
214	이명분	239	이지원	264	윤진숙	289	유동수
215	정귀동	240	이혜원	265	권남수	290	신동근
216	이옥선	241	김익중	266	윤석순	291	이성만
217	김길임	242	안명순	267	최순옥	292	허종식
218	박옥길	243	한송희	268	김세응	293	박찬대
219	박복임	244	차현숙	269	안성수	294	정일영
220	고현숙	245	김용숙	270	최희숙	295	백금례
221	박순자	246	김용우	271	공혜련	296	백석두
222	정군남	247	방란희	272	이은미	297	황우여
223	최영자	248	유용선	273	공종범	298	홍일표
224	이규복	249	김해슬	274	전명숙	299	지용택
225	김점수	250	김혜정	275	한창석	300	정치오

✔ [별지] 청구인 목록

연번	성 명
301	손도문
302	박병상
303	홍승기
304	김보배
305	김종섭

인천고등법원 이야기

초판 1쇄 인쇄 2025년 10월 31일

지 은 이 ┆ 조용주
펴 낸 이 ┆ 박혜정

편   집 ┆ 김수현
디 자 인 ┆ 신유민

펴 낸 곳 ┆ 안다북스
등   록 ┆ 제2017-000225호
주   소 ┆ 서울시 서초구 반포대로14길 71, 428호
전   화 ┆ 02-2691-0300
팩   스 ┆ 02-522-0305
이 메 일 ┆ oklawyer@naver.com

© 조용주, 2025, Printed in Korea.
ISBN 979-11-995385-0-4 (03800)